区域知识资本测度及其对经济增长的影响研究

沈国琪　著

中国财经出版传媒集团

经济科学出版社

Economic Science Press

图书在版编目（CIP）数据

区域知识资本测度及其对经济增长的影响研究/沈国琪著.
—北京：经济科学出版社，2019.6
ISBN 978 - 7 - 5218 - 0481 - 2

Ⅰ.①区…　Ⅱ.①沈…　Ⅲ.①知识经济 - 测度（数学）-
影响 - 经济增长 - 研究 - 中国　Ⅳ.①F062.3②F124.1

中国版本图书馆 CIP 数据核字（2019）第 077224 号

责任编辑：谭志军
责任校对：刘　昕
版式设计：齐　杰
责任印制：李　鹏

区域知识资本测度及其对经济增长的影响研究
沈国琪　著
经济科学出版社出版、发行　新华书店经销
社址：北京市海淀区阜成路甲 28 号　邮编：100142
总编部电话：010 - 88191217　发行部电话：010 - 88191522
网址：www. esp. com. cn
电子邮件：esp@ esp. com. cn
天猫网店：经济科学出版社旗舰店
网址：http://jjkxcbs. tmall. com
北京季蜂印刷有限公司印装
710 × 1000　16 开　13.5 印张　220000 字
2019 年 6 月第 1 版　2019 年 6 月第 1 次印刷
ISBN 978 - 7 - 5218 - 0481 - 2　定价：65.00 元
（图书出现印装问题，本社负责调换。电话：010 - 88191510）
（版权所有　侵权必究　打击盗版　举报热线：010 - 88191661
QQ：2242791300　营销中心电话：010 - 88191537
电子邮箱：dbts@ esp. com. cn）

前言 ▰▰▰

改革开放以来，特别是进入 20 世纪 90 年代到现在，以人均 GDP 相对差距作为衡量指标，中国各个地区的经济发展差距日趋增大，这种差距的增大，不仅带来社会公平问题，造成效率损失，还会引起社会矛盾冲突和严重的政治后果。而影响经济发展的诸多因素中，知识资本因素的作用越来越重要。本书从知识资本的角度出发，运用结构方程模型、经济计量分析和决策优化等方法，结合区域发展不均衡现状，综合分析区域知识资本的内容，探讨其结构组成形式，定量评价各个地区的知识资本差异，研究其与经济发展之间的因果效应；并以各个区域知识资本的现状特征为基础，提出区域知识资本投资的决策优化方法。本书对于缩小地区经济发展差距，促进中国经济整体持续快速的发展，具有重要的理论价值和现实意义。本书内容主要分为四个部分：

第一部分对近年来国内外知识资本理论研究的发展路径以及最新成果进行了综述。自从提出知识资本这一概念，学者研究的视角主要从两方面来进行，其一是知识资本的内涵和内容结构；其二从知识资本的量化和测度分析。但这两个视角研究的对象主要是微观经济主体。本书在综合已有知识资本理论，并借鉴斯图尔特关于知识资本 H – S – C 模型的基础上进一步扩展，探索区域知识资本的结构组成，提出区域知识资本主要由内容因素和结构因素组成，前者包括人力资本和技术创新能力两个维度，后者则主要包括声誉资本、

1

流程资本和制度资本三个维度。

第二部分在第一部分的理论基础上，对我国各省（区、市）区域知识资本的现状进行评价，并对各个维度之间的结构关系进行假设与检验。通过对区域知识资本的测度指标进一步细化，利用 2008 年度的统计数据，以及对统计数据进行主成分分析得出每个维度的定量值，并且利用这些定量值进一步测算各个省（区、市）的知识资本综合值；同时对我国 31 个省（区、市，不含台港澳地区）进行经济发展程度的聚类分析；对照分析不同省份在聚类分析中的归属及该省份知识资本综合值，发现区域知识资本的高低与经济发展程度有着显著的趋同性，知识资本综合值较高的省份，其经济发展水平明显要高出其他省份。接下来进一步利用统计数据所得出的综合值，通过结构方程模型检验各个维度之间的关系。研究结果表明，在结构因素对内容因素产生作用的假设中，声誉资本对人力资本的影响最为显著，但声誉资本对于技术创新并不显著；流程资本对技术创新的影响非常显著，对于人力资本却不显著；制度资本对于人力资本和技术创新的作用均为显著。在内容因素相互作用的假设中，人力资本与技术创新之间，前者对后者的解释作用非常显著，但技术创新对人力资本的影响并不显著。

第三部分主要是对区域知识资本与经济发展之间的关系进行实证分析。本部分利用江苏省知识资本的时间序列数据，采用单位根检验、协整检验及格兰杰因果关系检验、单因素和多元回归分析等经济计量方法来研究这两者之间的关系。研究发现，区域知识资本各个维度的定量值与人均 GDP 之间均存在长期均衡关系，并且，检验得出知识资本的各个维度均是人均 GDP 的格兰杰原因，反之则不成立；在进行各个维度时序与人均 GDP 时序的多元回归分析时，SPSS 的检验没有通过，也就是说区域知识资本的五个维度与人均 GDP 之间不是简单的多元线性回归关系。为了区分各个维度对经济增长的贡献程度，本研究构造了整体混合多元回归模型，回归模型得出各维度对经济增长贡献从大到小的顺序分别为制度资本、技术创新、流程资本、人力资本和声誉资本。这个结论比较符合我国目前处于经济转型阶段、市场化进程尚需进一步提升以及各地区市场化进程参差不齐的现状。

第四部分通过建立超效率 DEA 模型，以区域知识资本的五个维度为输入变量，人均 GDP 为输出变量，对各个省份进行相对效率评价，对于效率低于 1（无效决策单元）的省份，如山西、辽宁、吉林、黑龙江、安徽、江西、河南、湖北、湖南、广西、重庆、云南、贵州、四川、陕西、宁夏和甘肃 17 个省份存在着知识资本投入"无效"的现象进行了分析，得出区域知识资本各维度发展不均衡将影响其总体效率发挥这样一个结论，并提出根据不同维度的投入冗余或不足进行相应的调整，提高投入产出的效率，从而达到投资决策优化的政策建议。

目录 ◾▚

第1章　绪论 ……………………………………………………… 1

1.1　选题背景和问题提出 ……………………………………… 1

1.2　研究的意义 ………………………………………………… 4

1.3　研究目标和研究假设 ……………………………………… 5

1.4　研究的内容 ………………………………………………… 6

1.5　研究方法 …………………………………………………… 8

第2章　知识资本理论及相关研究综述 ………………………… 13

2.1　知识资本理论的兴起 ……………………………………… 13

2.2　知识资本理论的研究现状及进展 ………………………… 14

2.3　知识资本与区域经济增长的理论基础 …………………… 18

2.4　知识资本理论研究现状及其与经济增长关系的评述 …… 22

2.5　本章小结 …………………………………………………… 24

第3章　区域知识资本的维度及其形成过程分析 ……………… 25

3.1　区域知识资本的内涵与特征 ……………………………… 25

3.2　区域知识资本的形成过程及表现形式 …………………… 34

3.3　区域知识资本结构各维度相互之间的关系分析 ………… 42

3.4　区域知识资本与企业、个人知识资本之间的联系 ……… 45

3.5　本章小结 …………………………………………………… 53

第 4 章　区域知识资本测量及其结构模型实证分析 ⋯⋯⋯⋯ 54

　4.1　我国区域知识资本的测度指标构建及计量 ⋯⋯⋯⋯⋯ 54

　4.2　各省份区域知识资本综合值（2008）测算 ⋯⋯⋯⋯ 85

　4.3　区域知识资本的非均衡现状分析 ⋯⋯⋯⋯⋯⋯⋯⋯ 87

　4.4　区域知识资本结构模型的验证性分析 ⋯⋯⋯⋯⋯⋯ 88

　4.5　本章小结 ⋯⋯⋯⋯⋯⋯⋯⋯⋯⋯⋯⋯⋯⋯⋯⋯⋯ 97

第 5 章　区域知识资本与经济增长关系的实证分析 ⋯⋯⋯ 99

　5.1　区域经济增长非均衡现状分析 ⋯⋯⋯⋯⋯⋯⋯⋯⋯ 99

　5.2　区域知识资本各维度对经济增长影响的实证分析

　　　——以江苏省为例 ⋯⋯⋯⋯⋯⋯⋯⋯⋯⋯⋯⋯⋯⋯ 106

　5.3　区域知识资本各维度综合影响经济增长的实证分析

　　　——以江苏省为例 ⋯⋯⋯⋯⋯⋯⋯⋯⋯⋯⋯⋯⋯⋯ 132

　5.4　区域知识资本差异与区域经济非均衡现象分析 ⋯⋯ 139

　5.5　本章小结 ⋯⋯⋯⋯⋯⋯⋯⋯⋯⋯⋯⋯⋯⋯⋯⋯⋯ 142

第 6 章　区域知识资本投资决策优化与经济增长的协调发展 ⋯⋯ 144

　6.1　区域知识资本投资的概念 ⋯⋯⋯⋯⋯⋯⋯⋯⋯⋯⋯ 144

　6.2　区域知识资本投资的单一特性及其协调关系 ⋯⋯⋯ 144

　6.3　区域知识资本各维度发展的均衡性与经济增长 ⋯⋯ 154

　6.4　知识资本的投资路径及其决策优化机制探讨 ⋯⋯⋯ 157

　6.5　本章小结 ⋯⋯⋯⋯⋯⋯⋯⋯⋯⋯⋯⋯⋯⋯⋯⋯⋯ 167

第 7 章　研究结论和政策建议 ⋯⋯⋯⋯⋯⋯⋯⋯⋯⋯⋯⋯ 169

　7.1　主要研究结论 ⋯⋯⋯⋯⋯⋯⋯⋯⋯⋯⋯⋯⋯⋯⋯⋯ 169

　7.2　创新点和不足之处 ⋯⋯⋯⋯⋯⋯⋯⋯⋯⋯⋯⋯⋯⋯ 171

　7.3　政策建议 ⋯⋯⋯⋯⋯⋯⋯⋯⋯⋯⋯⋯⋯⋯⋯⋯⋯⋯ 172

附录 1 ⋯⋯⋯⋯⋯⋯⋯⋯⋯⋯⋯⋯⋯⋯⋯⋯⋯⋯⋯⋯⋯⋯ 178

附录 2 ⋯⋯⋯⋯⋯⋯⋯⋯⋯⋯⋯⋯⋯⋯⋯⋯⋯⋯⋯⋯⋯⋯ 194

参考文献 ⋯⋯⋯⋯⋯⋯⋯⋯⋯⋯⋯⋯⋯⋯⋯⋯⋯⋯⋯⋯⋯ 196

第1章 绪 论

1.1 选题背景和问题提出

1.1.1 选题背景

中国不同区域间经济发展的不均衡状况一直以来吸引着国内外学者的关注。出于研究的目的不同，自改革开放以来，对于这种不均衡发展态势的研究有一定的差异。但是有一点是一致的，那就是自20世纪90年代以后，不同地区经济发展差距在明显增大。实际上统计数据表明，从经济总量看，东部地区占全国经济总量的比重不断提高，从1980年的50%提高到了2007年的57%，中、西部地区则分别从30%和20%下降到25.5%和17.5%；从人均GDP看，东部地区人均GDP水平高出全国平均水平的幅度进一步提高，从1980年全国平均水平的1.34倍，增加到2007年的1.53倍，而中、西部地区2007年的人均GDP只相当于东部地区的44%与38%，各地的差距在进一步扩大；人均GDP最高的省（自治区、不包括直辖市）和人均GDP最低的省之间的相对差距由1980年的3.52倍扩大为2007年的5.13倍。也就是说这种差距增大的趋势并没有得到有效的遏制。不同区域的经济、社会发展的差距如果太大，就会造成效率损失，带来社会不公问题，如果不予采取对应的措施，会使社会矛盾激发，从而引起严重的政治后果。地区差距的缩小对于中国经济整体的快速发展是一种保障。

进入知识经济时代后，作为影响经济发展的诸多因素之一的知识，将会处于主导地位，发挥着越来越重要的作用。新经济增长理论中关于知识对经济的影响研究非常多，同时还建立了若干内生经济增长模型，包括知识溢出模型（Romer，1986）、知识驱动模型（Romer，1990）、人力资本模型（Lucus，1988）、创新与边干边学模型（Young，1990）、研究与开发模型（Romer，1990；Grossman & Helpman）等。众多的实证不同程度地证实了知识对经济有积极的影响。世界银行的科学家们对全球许多国家的经济发展差异进行分析，发现物质资本解释这些差异的作用不大，平均数还不到30%，剩余的70%左右的差异要归功于构成全要素生产率（TFP）的无形因素（Easterly，Levine，Pritchett，1999）。胡鞍钢等以我国30个省（区、市）为研究对象，定量分析改革开放40年来省（区、市）之间的经济增长差异，也发现经济增长差异的80%以上要归因于包含知识等的无形因素，物质因素只能解释这种差异的19%左右。这些无形因素蕴含了人力资本、技术创新、产业结构与其他要素的匹配度、区域知识转移（流通）的流程因素甚至制度因素等，正是这众多因素协同作用使经济增长更为迅速。如果仅仅基于某单种因素来解释经济增长的差异性，显然有其局限。例如，胡鞍钢、管卫华等认为，进入20世纪90年代之后中国各地区经济发展差距在明显扩大，但陈钊、陆铭等通过1987～2002年的各省（区、市）人力资本的面板数据分析，得到了各省（区、市）的人力资本存量趋于收敛的状态，即经济发展差距与人力资本存量朝着相反的方向发展；郭将通过理论分析，认为制度资本通过降低交易成本，形成有序的经济秩序以及激励和约束利益主体行为来为区域经济增长和后发优势的形成提供了必要的支持；李富强、董直庆将制度引入经济增长模型来诠释要素发展与经济增长的关系后，通过实证得出：当制度（产权、市场化）发展较为完善时，经济增长主要依赖于技术进步、人力资本的发展，当制度发展较不完善时，则经济在很大程度上依赖于制度的发展。因而在现实背景以及现有的理论研究基础上，进一步对于这些无形因素进行综合分析研究，更具有理论价值和现实意义。

1.1.2 问题的提出

随着知识经济的兴起，知识资本研究成为当前学术界研究的热点。尽管知识经济理论的研究开始于 20 世纪 90 年代末，但把知识资本作为一种生产要素来进行研究还仅仅处于起步阶段，目前依然有以下值得进一步思索的问题。

（1）在区域知识资本概念及范围的识别上存在着较大的争议。关于企业知识资本的内涵及其构成成分，在已有的文献研究中得到了较为充分的论证，但对于区域层面的知识资本内涵的讨论，已有的文献研究中有着较大的局限性，如有的学者仅仅把西方已经成熟的企业知识资本的定义及范围加以引用，只是换了一个分析的主体，即由企业层面直接转移到区域层面，这就忽略了区域和企业这两个主体之间特征上本质的差异，从而导致后续分析逻辑上存在不足；有些学者从定性的角度出发，引进国外的理论，实际上也缺乏实证分析其适用性，毕竟国内外在经济体制、发展水平上存在着差异。概念和范围的不统一影响着后续的评价方法。因而区域知识资本的定义及其范围的分析是对我国经济发展中影响因素研究的重要补充，也是本研究的起点。

（2）区域知识资本与经济发展存在着怎样的关系？知识资本的发展促进了经济增长，还是经济增长影响着知识资本的积累或发展，还是两者互相促进互相影响？从目前文献的分析中，大多数从一个横截面数据来证实知识资本与经济发展的同步性，即某一年份、省份之间比较时，经济发展水平高的，则知识资本水平也高；反过来，知识资本水平发展较低的，其经济发展也处于较低水平，缺乏时间序列的论证。两者之间的关系，对于区域经济发展战略的制定和调整起着关键的作用，需要应用相关的时间序列进行验证。

（3）知识资本的各个组成部分对经济发展的作用机理及其相互关系如何？知识资本中包含的各个组成部分作为投入要素对于区域经济增长的弹性是否一致，目前理论界有着很大的争论，技术进步、人力资本以及制度变迁等贡献率在不同时期也不一样。正确地评定各个组成部分对经济增长的贡献对于各地区因地制宜促进经济增长十分重要。同时各个部分相互之间的关系是否会影响知识资本整体效率的发挥，某一因素发展较慢，是否会明显制约其他因素效率的发挥，也需要进一步深入的研究和讨论。例如，我国西部某些省份经济发展水平与知识资本的发展呈不协调状态，即知识资本总体评价较高，而经济发展落后，是不是存在着知识资本整体发展的失衡导致的后果。

综上所述，对于区域知识资本的研究还存在着以下的问题：①对于区域知识资本的内涵、定义以及其组成的结构维度要进一步分析探讨，同时要区分其与企业知识资本之间的差别；②区域知识资本组成的各个部分之间的关系如何，互相之间是怎样的结构模式，需要建立模型，利用统计数据来进行验证；③区域知识资本各个组成部分对经济发展的作用机理，以及每个组成部分对经济发展的贡献差异如何并没有一个较为清晰的认识，从区域知识资本概念的提出到宏观层面的经济效应，这两者之间的关系需要通过建立计量经济学的回归模型进一步分析检验，从而为这种关系提供理论与实证上的支持。

1.2　研究的意义

有效缓解区域之间经济发展差距越来越大的趋势，并且逐步缩小这种差距，是目前我国经济快速稳定整体发展所要面对的关键问题。但是，受到地理位置、自然条件、思想意识以及产业和行业结构等客观条件的影响，解决这个问题始终面临着很大的困难。进入知识经济时代，更是迫切需要换一种思路来解决这个问题，缩小差距的根本途径应该在于提高区域本身的一种"造血"功能，即从区域内挖掘能使区域经济快速发展的因素。知识资本研究的意义就在于明显改善区域自身的这种能力，为区域经济的快速发展提供持续、良好的保障。

目前对于知识经济理论的研究，基本上着眼于定性的视角，分析知识资本对经济产生的影响。从定量的角度探讨知识资本不同因素与经济增长之间的因果效应，分析这些不同因素对经济增长的贡献，对于促进区域经济增长、缩小经济发展差距，无疑具有重要的理论价值和现实意义。本书通过结构方程模型、经济计量分析、数据包络分析等方法和理论，把区域经济发展问题与现代经济学和管理学理论结合起来，研究宏观的区域知识资本问题，以期对现有知识资本理论进行有益的补充；同时通过测量一个地区的知识资本，凸显地区的比较优势，有利于为地方政府选择未来短期或长期经济发展的重点提供参考，为政策决策提供理论和实证方面的研究支持。

1.3　研究目标和研究假设

1.3.1　研究目标

本书通过理论和实证的分析，在探索我国经济发展区域不均衡原因的基础上，侧重研究我国区域知识资本的内涵特征、结构组成、形成过程以及它与区域经济增长之间的互动关系，并细化知识资本各要素对经济增长贡献的分析，进而强调通过知识资本投入来促进经济增长，为政府在提高区域经济竞争能力的决策提供理论支持和实证依据。

具体研究目标包括以下几个方面。

（1）研究区域知识资本的内涵及内容组成，对组成维度之间的关系进行分析，构建区域知识资本理论的分析框架及其理论基础。

（2）利用横截面统计数据，以及区域知识资本详细的测度指标，对不同省份的区域知识资本进行计量，分析各个区域知识资本之间非均衡发展的现状；同时利用测算的数据，对区域知识资本结构模型进行验证。

（3）分析区域知识资本各个维度与经济增长之间的相关关系，利用格兰杰因果检验来确定因果关系；并且利用计量经济模型进行单因素回归分析以及多元回归分析，以确定不同维度对经济增长贡献的差异。

（4）利用超效率数据包络分析模型，以知识资本的各个维度作为投入变量，人均 GDP 为产出变量，分析不同省份之间的相对效率，得出归属于"决策无效单元"的省份以及"标杆单元"的省份。

（5）根据数据包络分析的结果，结合区域知识资本各个维度对经济增长贡献的差异，对知识资本的投资进行决策优化。

1.3.2　研究假设

本书试图通过理论分析和实证研究等方法，验证以下几个假设。

假设一：区域知识资本各个维度之间存在一定的连接方式，结构因素对内容因素存在着影响，反之则不成立，内容因素中人力资本与技术创新之间有着相互的作用。

假设二：区域知识资本各个维度与经济增长之间存在着长期均衡；并且是正相关关系，知识资本是经济增长的原因之一，反之则不成立。

假设三：区域知识资本五个维度的测算值可以作为投入要素，人均 GDP 作为产出要素，可以进行不同区域间知识资本投入产出的相对效率比较。

1.4　研究的内容

1.4.1　研究思路

本书着重研究我国不同区域之间知识资本的计量、差异比较以及知识资本的区域经济效应分析。研究的理论基础是知识资本理论以及区域经济增长的若干经典理论，包括新经济增长理论、现代经济地理学、知识经济理论、品牌价值和竞争力理论等。在调查国内外学者对知识资本的研究现状和对我国区域经济发展的研究进展后，结合两方面的理论发现对此研究尚存在着空白，尤其对于知识资本如何促进经济增长的实证研究方面。

本书在前人研究的基础上，首先，对宏观区域知识资本的结构维度进行研究，提出区域知识资本的结构维度模型，并且分析各个维度之间的关系。

其次，根据规范分析得出的结构模型，对我国不同省市区域知识资本进行计量，并且比较各个省份之间的维度差异和总体差异。在评价省域知识资本价值的基础上，用格兰杰因果检验方法对知识资本与区域经济增长之间的关联进行分析，检验知识资本对经济增长的作用。

再次，在新经济增长模型的基础上，建立知识资本——经济增长模型，运用回归的方法来分析知识资本对区域经济增长的贡献。回归分析从两个角度进行，从单一维度出发逐个检验各个维度对经济增长的贡献率；然后将区域知识资本整体进入模型进行回归，检验其整体的经济效应。

最后，利用非线性参数模型，比较不同省份之间相对效率的大小，提出区域知识资本投资决策优化建议。

1.4.2 研究内容

本书分七章展开论述。

第1章，绪论。主要阐述本书的研究背景、意义，提出拟解决的关键问题，明确研究对象和方法，厘清研究思路，提出本书的研究内容构，建立研究的逻辑框架。

第2章，对知识资本理论的形成及其发展、知识对经济增长影响及相关模型的研究进行综述，同时对目前国内外知识资本研究的进展现状进行评价，界定本书研究的对象、范围。

第3章，对区域知识资本形成过程、结构维度进行规范分析。首先界定了区域知识资本的概念及内涵特征，分析了知识资本的表现形式，同时对区域知识资本与企业、个人的知识资本之间的联系和差异进行分析，并建立区域知识资本的结构模型。

第4章，主要是建立区域知识资本各维度的测度方法、指标和数据类型的选择以及结构模型的验证。首先对各个省份按照人力资本、创新资本、流程资本、声誉资本以及制度资本的各个指标进行测算，分析比较我国区域知识资本在各个维度以及综合方面的非均衡现状。其次利用统计数据和 AMOS 结构方程软件对第三章关于区域知识资本结构模型进行验证性分析。

第5章，主要是区域知识资本影响经济增长的实证研究。本章首先分别从地区人均生产总值、地区生产总值增长率、可支配收入差异和锡尔系数出发，对我国当前区域经济发展的非均衡状态进行分析。同时以江苏省为例，分类检验人力资本、创新资本、声誉资本、流程资本以及制度资本与经济增长之间的因果关系，根据检验的结果，提出发展区域知识资本来缩小经济发展差距的思路。其次对各个单一维度与经济增长指标之间进行回归分析，确定各个维度与经济增长的函数关系，同时通过构建整体混合多元回归模型测算不同维度对经济增长的贡献。

第6章，区域知识资本投资决策优化与经济增长的协调发展研究。首先提出了知识资本投资的概念，按投资的主体、对象等进行分类。其次提出了知识资本各维度协调发展的理念，知识资本中的内容因素和结构因素，前者是区域经济发展的长远、持续发展的动力，后者则是前者发挥效率的平台，如果仅仅强调前者，则会影响知识资本效率的发挥，若只强调后者，区域的长远发展失去后续力。因而知识资本的均衡发展是经济获得良性、持续发展的必然要求。最后根据 SE – DEA 模型，假定知识资本各维度为投入要素，人均 GDP 为产出要素，测算各个省份之间的相对效率，以此为基础，提出了知识资本的投资路径及投资决策优化机制。

第 7 章是研究结论和政策建议部分。

1.5 研究方法

1.5.1 动态与静态比较分析的方法

从静态方面来看，本书着眼于某个年度截面数据来对不同区域知识资本价值的进行评价，通过这些横截面数据计算不同省市之间的区域知识资本指数，从而在不同的省份之间进行比较，分析不同省份之间的优劣情况。动态方面主要侧重于知识资本在时间序列上的变化，判明区域内知识资本的发展情况，构建经济计量模型，分析其对经济增长的影响。

1.5.2 规范分析和实证研究相结合

本研究在文献研究、理论分析的基础上，进行规范分析，建立区域知识资本的内容形式、结构模型，以及一系列经济计量模型，通过实证研究检验探讨知识资本的结构形式及其与经济增长之间的关系。在实证检验中，本书采用的方法主要是主成分分析、因子分析、结构方程模型、单位根检验、协整检验、因果检验、混合多元回归以及非线性参数分析等方法。

（1）主成分分析（principal component analysis）。

主成分分析的基本思想是通过对变量的相关系数矩阵内部结果的分析，从中找出少数几个能控制原始变量的随机变量 F_i（i = 1，2，…，m），选取公共因子的原则是使其尽可能多地包含原始变量中的信息，建立模型 $X = A \cdot F + e$，忽略 e，以 F 代替 X(m≤p)，用它再现原始变量 X 的众多分量 x_i（i = 1，…，p）之间的相关关系，从而达到简化变量降低维数的目的。

主成分分析在确定公因子的权数时，可以避免人为主观因素的影响，比较客观的反映某个公因子在解释所有变量时的比例。

（2）结构方程模型（structural equation model，SEM）。

结构方程模型是一种将因子分析、典型相关分析和多元回归分析集于一身的理论驱动式统计方法。SEM 可以同时处理多个因变量；而且容许自变量和因变量含有测量误差；容许潜在变量由多个观察指标所构成，可以采用比传统方法更有弹性的测量模式；研究者可假设潜在变量间的关系，并估计整个模型与数据的拟合程度来进行验证，因而在管理学科中得到了广泛的应用。

SEM 理论模型主要由测量模型和结构模型两部分构成，前者是指结构方程模型中使用观测变量来构建潜在变量的模型，后者则是验证潜在变量之间的假设关系。

（3）单位根检验（unit root test）。

时间序列分析中的单位根检验是目前的一个热点。时间序列的非平稳性质实际上就是通过时间序列矩的时变行为来反映的。对于非平稳的时间序列，一般要将其转变为平稳序列的方式来进行处理，这样就可以使有关时间平稳序列的研究方法得以在非平稳序列中应用。时间序列平稳性的检验，主要是通过单位根的检验，若存在单位根，表明时间序列不平稳，需要通过差分的方法转化，从而得到平稳序列。相应地，对于存在单位根的非平稳序列，一般多有波动的持续性和明显的记忆性，从而使单位根检验同时又是协整性是否存在的基础。

（4）协整检验（co-integrationtest）。

恩格尔（Engle）与格兰杰（Granger）提出的协整理论及其方法，为非平稳序列的建模提供了一种可行的途径。虽然一些经济变量本身是非平稳序列，但是，它们的线性组合却有可能是平稳序列。这种平稳的线性组合被称为协整方程且可以被解释为变量之间的长期稳定的均衡关系。

协整检验的目的是决定一组非平稳序列的线性组合是否具有协整关系。协整检验从检验的对象上可以分为两种：一种是基于回归残差的检验，其检验思想是，如果自变量的线性组合能够解释因变量，那么这两个变量之间应该存在稳定的均衡关系，而且因变量不能被自变量解释的部分所构成的残差系列是平稳的。所以，只要检验一组变量回归方程的残差序列是否平稳就可以得知变量间是否存在协整关系；另一种是基于回归系数的检验。此类协整检验的主要方法是约翰森（Johansen）协整检验，是约翰森等提出的一种以 VAR 模型为基础的基于回归系数的检验，是一种进行多变量协整检验的较好的方法。

（5）格兰杰因果关系检验。

格兰杰因果关系检验方法是格兰杰构建的、用来分析经济变量之间是否存在因果关系的一种计量方法。他认为因果关系的存在主要是过去时间点上所有信息的最佳最小二乘预测的方差存在。

其分析的基本思路是：如果自变量中包含了变量 X、Y 过去的信息，这种情况下，对 Y 的预测效果要优于单独有 Y 过去的信息对 Y 的预测效果，也就是说变量 X 对 Y 将来的变化有帮助，那么就认为变量 X 是引起变量 Y 变化的格兰杰原因。

当然，格兰杰因果关系的检验，其结论只是统计意义上的因果关系，不一定是真正逻辑上的因果关系。作为肯定或否定因果关系它是不能做最终定论，但是可以作为真正因果关系的佐证，而且在经济预测方面有重大的意义。

（6）曲线估计及混合多元回归。

在实际的一元回归分析中，一般首先绘制自变量和因变量间的散点图。如果散点图中的数据分布明显呈直线趋势，则可以利用线性回归分析方法估计回归方程。但在很多情况下并非如此，数据在散点图中的分布呈曲线趋势且具有某种函数的图形特点。这时如果要作回归分析，就需要利用 SPSS 进行曲线估计。

混合多元回归模型主要对于多个解释变量与被解释变量之间为非线性关系时用于建立预测模型之用，混合回归方法首先对影响因子进行了相关性分析和非线性回归，然后从整体上进行多元线性回归，从而建立了多元非线性回归模型。

（7）数据包络分析（data envelopment analysis）。

数据包络分析简称 DEA，是由 A. Charnes 和 W. W. Cooper 等创建。DEA

是使用数学规划（包括线性规划、多目标规划、具有锥结构的广义优化、半无限规划、随机规划等）模型进行评价具有多个输入、特别是多个输出的"部门"

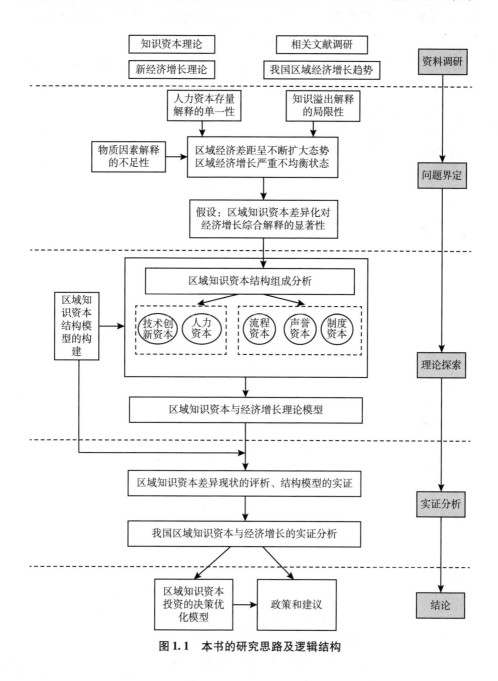

图 1.1　本书的研究思路及逻辑结构

或"单位"（称为决策单元（decision making unit），简称 DMU）间的相对有效性。根据对 DMU 观察的数据判断 DMU 是否为 DEA 有效，本质上是判断 DMU 是否位于生产可能集的"生产前沿面"上，也就是投入产出效率是否有效。

依据 DEA 方法、模型和理论，可以直接利用输入、输出数据建立非参数的 DEA 模型，进行经济分析；同时使用 DEA 对 DMU 进行效率评估时，可得到很多管理信息，如某一个投入的冗余或不足等，因此它是一种可以用来对投入进行优化的决策方法。

本书的研究思路及逻辑结构见图 1.1。

第 2 章　知识资本理论及相关研究综述

2.1　知识资本理论的兴起

人类自从有了认识活动开始，知识就产生了。而对于知识的分类，古往今来存在着各种各样的形式。古希腊亚里士多德曾经将人类的知识分为三大类：纯粹理性、实践理性和技艺。罗素则以经验为切入点，把知识分为内化的经验、间接的经验和直接的经验三类。波兰尼以编码的程度高低，把人类的知识分为显性和隐性知识。经济与合作组织（OECD）在 1996 年提出了知识的分类，由于该划分类别被大多数学者认可而具有代表性。该方法将知识分为事实知识、原理和规律知识、技能知识以及知识生产源头的知识等四大类，前两类是最基本的因素，是基础研究，后两类则为应用方面的知识，需要在实践的基础上，通过学习、交易来获得。这样的分类方法，更有利于分析知识转化为资本的具体途径。

但知识与经济的融合并不是很久远的事，20 世纪 50~60 年代，尼尔森、阿罗对科学知识的产生问题进行了全面的阐述：知识的相关特性如公共性、私有性以及知识生产的资源如何配置下才能达到最优，如生产者不能完全占有自己生产的知识产品收益的情况下，资源配置如何才能达到最优等问题。

20 世纪 80 年代末期，知识经济的相关理论研究得到了很大的进展。研究的方向有两个：其一是沿着经济增长理论为侧重，罗默（Rmoer）、卢卡斯（Lucas, R.）等创立了新的经济增长理论，在其理论中，将人力资本、知识以及技术进步等作为一些生产要素融入经济增长模型中，进一步解释了在经济增长过程中，知识这一重要变量与经济之间的关系。其二是构建了科学经济学的框架及其基本理论，如达斯古普塔和大卫等经济学家，对科学技术进行研究的视角作了基本的改变，就是从经济学的角度来进行。1996 年，OEDC 编撰的《以知识为基础的经济》一文中，第一次确认知识为重要的生产要素，提出了应该把知识作为要素变量进入生产函数的构想；同时还指出了隐性知识的重要性，提出知识使用、传播的基础是学习和知识网络。

近年来，学术界非常关注知识与创新的研究，特别是定量分析知识对经济增长的推动作用得到了很大的发展，这引发了西方经济学者对知识商品的资本属性进行全面研究的浓厚兴趣，掀起了研究知识商品的资本属性的热潮，并由此引发了知识资本理论的日益兴起。

2.2 知识资本理论的研究现状及进展

2.2.1 国外知识资本理论研究进展

梳理近年来的相关文献及论著可以发现，国外关于知识资本的理论从两个视角出发，一是着眼于知识与社会的关系、互动，也就是科学技术哲学的视角，重点在于知识资本的内涵以及内容构成的探索；二是从计量经学的角度定量分析知识资本的价值大小，也就是关注如何对知识资本进行量化和估计，后面这一点是当前研究的主要方向。

2.2.1.1 关于知识资本的内涵、结构研究

西方学者对知识资本的概念、知识资本的构成及知识资本各部分之间关系的看法不尽一致，但是通过对西方具有代表性的学者的观点进行考察，大致可以勾勒出西方知识资本理论的基本思想。1836 年，西尼尔提出知识资本概念的时候，是作为人力资本的另一个说法。他认为知识资本就是个人的知识和技能。1969 年，加尔布雷思正式提出知识资本的概念，但对其内涵的分析并不明确，对知识资本所包含的内容也没有划定。他认为知识资本没有固定的形

式，一直以动态的方式存在，是一种知识性的活动。斯维比（K. E. Sveiby，1986）通过研究发现，知识资本主要体现为公司的内外部结构以及企业员工的竞争力。

斯图尔特（Thomas A. stewart，1997）论证了知识资本是企业、组织和一个国家最有价值的资产，并提出了知识资本的 H－S－C 结构，认为知识资本主要由三个维度组成，分别为人力资本、结构性资本和顾客资本。这三者相互作用，协调推动组织知识资本价值的实现并进一步增值。

埃德文森（Leif Edvinsson）和沙利文（Patrick Sullivan）指出，知识资本是知识企业中的物质资本和非物质资本的整合，在数量上体现为企业真正的市场价值与账面价值的差额。他们将知识资本从整体上分为两个部分，分别是人力资源和结构性资本，强调人的知识和技能必须转化为知识资产才能成为企业商业创新的重要源泉。斯维比（1997）认为企业知识资本是一种无形资产，是以企业的知识为基础的企业的核心竞争能力。他从能力和作用的角度，将知识资本划分为三个部分，分别是内部结构、外部结构和雇员的能力。布鲁金（Annie Brooking，1998）从无形资产的角度把使公司得以运行的所有无形资产总称为知识资本，并将知识资本分成四类：市场资产、知识产权资产、人才资产和基础结构资产。

随后继续有学者对知识资本的内涵和结构作出分析，但基本上沿袭了前面学者的思路，如纳哈皮耶特（Nahapiet，1998）认为知识资本的主体是社会团体，一般有知识社群、组织、专业协会等，社会团体的知识与能力以及那些能够使人们有能力完成任务的知识、能力与技能。约翰森（Johnson，1999）认为知识资本蕴含在传统的跨级科目中，但很难用语言来进行描述的无形资产，他强调的是无形资产。林克斯可（Dzinkowski，2000）认为知识资本实质上就是由企业所拥有的、以知识为主的资产的总和。

2.2.1.2　知识资本的评估及计量

应该说，国外学者在对知识资本如何进行计量、评估等方面有着较大的争论，广为接受的很少。但是归纳不同学者的计量方法，可以看出多数方案基本上不会脱离两条思路：其一为宏观视角；其二为微观视角。前者是把知识资本作为一个整体，对其内容不作划分来进行估算；后者则不一样，它是要在细分知识资本内容的基础上，对细分部分进行估价，最后累计求得企业知识资本总量。

用宏观方法对知识资本计量进行初步研究的代表人物是斯威比（K. E. Sveiby）、列夫·艾德文森（Leif Edvinsson）以及巴鲁克·列弗（Baruch Lev）。斯维比（K. E. Sveiby）基于知识资本定量就是账面值和市场值的差距这样的理论，认为只要用企业的公允价值减去企业的账面值就得到了企业知识资本的总额。企业的公允价值就是现价，可以用股票市值表示，当然也可以业内同规模、利润相近的企业类比得到。列夫·艾德文森构建了 Skandia 导航仪模型，用 164 个指标来估算企业知识资本额度，应该说该模型能够比较客观的评价公司的真正价值，它突破了传统意义上财务指标的束缚。巴鲁克·列弗则首次用记分板的方式来对企业的知识资本进行衡量，这种方法主要是以企业的经营绩效为基础的，实质上是最终计算知识资本的投资效益。

微观角度跟宏观差异非常大，估算的理论完全不同，它是基于分解的基础，各自独立计算不同部分，在给予累计，其关键在于划分知识资本内容的合理性。目前应用最多的是知识资本的 H－S－C 结构，就是将知识资本先分成结构性资本、人力资本和顾客资本，每个维度下确定相应的指标，再逐个来计算每个资本因素的价值量，而后进行累积。其他学者的方法从思路上来讲基本一致，如布克维茨（Bukowitz）将知识资本的内容分为知识产权类（如版权、专利、技术和商业秘密等）、组织资本（如企业的组织制度、框架等）、人力资本、顾客资本以及特许权等，很明显，这种分类方法并没有脱离 H－S－C 结构的理论范围。

2.2.1.3 知识资本的组织管理研究

玛丽安·布罗德本特（Marianne Broadbent）基于组织理论的角度，提出知识资本的管理是一种有目的、讲方法和效益的管理，它是基于信息的管理，同时建立学习型组织，增强外部知识的学习和内部知识的扩散，并使之服务于整体利益。马尔霍特拉（Malhotra）认为知识管理就是使企业或组织的适应性加强、提高生存能力和竞争能力，对外部不断变化的环境快速反应。卡尔·弗拉保罗指出，知识资本管理实际上充分运用组织集体智慧，实现或者加强企业各种知识的共享，从而提高应变能力和创新能力。美国的维娜·艾利强调知识资本管理就是如何帮助组织成员对已拥有的知识进行思考，建立适合于知识交流的企业结构和发展相关技术，并帮助组织成员获得更多的知识来源。

2.2.2　国内知识资本理论的研究现状

20 世纪 90 年代末开始，国内学术界对于知识资本理论的研究和分析逐渐增多，早期金吾伦、张振刚、夏先良、陈嘉明、胡军等学者对知识理论的探讨，为进一步的研究铺实了基础。胡汉辉、沈群红等最早引进了西方的知识资本理论，并对其进行了详细的介绍，而后陈则孚、许庆瑞、刘炳英、杨文进、韩经纶、申明和葛秋萍等学者也是从内涵、构成以及知识资本化方面进行了论述。

刘炳瑛等在其编著的《知识资本论》一书中，基于人力资本的视角，从历史发展的必然性考虑，认为知识资本的产生是不可避免的，从人力资源到人力资本，从人力资本又到知识资本，也是趋势使然。他从理论上对知识资本产生的时代背景、产生基础以及知识资本与经济增长之间的关系进行系统的论述。张钢等在结合现代企业管理理论和人力资本理论的基础上，通过人力资本特点形成的研究，认为目前研究的人力资本理论中所关注的价值实际上其直接表现的就是知识。

陈凡认为，知识资本是社会财富创造和效益增长的主要动力。他是基于技术发展的需要与知识产权的保护之间的冲突来考虑，专利发明的专业化及其所需要的高成本要求完善专利保护制度，但这样又不利于技术的扩散。夏先良认为，出于对创新的激励，从社会经济制度层面来讲，专利保护制度是一种最优的选择。不同的社会发展阶段，劳动产权、资本产权和知识产权是由不同的生产要素地位而形成的，知识资本的出现，使这三者得以统一，统一的过程就是对知识产权系统实施的过程。

张国、曾建明从资本概念发展的角度论述知识资本与物质资本的差别。张国认为，资本的革命是知识经济时代最为根本的变化，只有知识资本才会使资本无论从速度上还是数量上都得到了最大的增值，其代表着最先进的经济形式。曾建明则指出，资本的表现形式在市场经济下，已经呈现了多样性，生产资本和金融资本已经不能再代表时代的经济形式，知识资本是代表资本的高级形式，其包含教育资本、品牌资本和信誉资本、创新资本等，使资源要素突破时间和空间的限制，实现最佳整合，提高了投入产出比。

陈则孚从哲学的角度出发，就劳动、知识和资本之间的关系进行了论述。他强调的是一种能力观：知识资本蕴含在知识中，以多重形态存在并运动着，在市场的交易中追求增值。王学军、陈武以及陈钰芬等从微观的企业知识资本的组成角度出发，对区域智力资本的测度指标体系的构建、对创新能力的影响方面做了研究。

葛秋萍、赵静杰等从知识如何转化为知识资本的角度出发，对知识资本进行了定性的分析。葛秋萍认为，知识资本化的过程实际上就是知识资本的虚拟价值实现的过程，他指出了知识资本主体包括政府等在价值实现中的作用，提出相应对策，重点在于分析虚拟价值实现过程的机理和影响因子；赵静杰建立了知识资本价值的 E－T 结构模型和知识资本化的分析模型，认为知识资本化实际上是知识资本参与企业剩余分配的过程，并具体分析了知识资本化的过程及其实现途径。

2.3 知识资本与区域经济增长的理论基础

20 世纪 80 年代中后期，分析技术的发展以及经济思想的创新，使经济增长理论得到进一步快速发展，其中新经济增长理论的影响非常广泛，该理论的代表人物是保罗·罗默和罗伯特·卢卡斯。这个理论是基于索洛模型的基础上演变而来，并向两个方向进行了拓展。一是罗默（Romer，1986）开创的知识积累、溢出模型，该模型考虑一个专门的生产部门，增加投入会使知识的产出增加，技术得以提高，最终导致物质生产的产出增加，进而把技术进行内生化。二是由卢卡斯（Lucas，1988）创造的理论拓展中，引进了人力资本因素，这样即使忽略外部知识增长，也可以解释经济持续增长和不同国家之间的区别。

2.3.1 知识积累、外溢效应与区域经济增长

根据新经济增长理论关于经济增长动力方面的论述，区域生产率差异的归

因主要源自技术进步和经济制度。由于经济制度很难进行客观度量，它对经济增长的贡献率很难在 TFP（全要素生产率）中反映。故对经济增长方面的研究，主要集中在知识（技术）对经济增长的贡献率方面。

罗默（1986）的知识积累模型中，把知识作为生产过程的一种特殊投入，由于知识的生产、积累也是资本投入、积累的结果，因此可以用生产中的累积投资代表知识的积累，技术进步是知识的具体反映，这就直接将技术进步内生化。但这基于产出生产的收益递增、知识生产的收益递减和外溢性假设的基础之上。

假定每个消费者都拥有一定的初始量的产出品，对每个消费者来说存在一个权衡的问题：现时消费或是推迟消费。推迟消费就是用于投资生产知识使之将来获得更多的产品。知识既然由推迟现时消费生产出来，知识增长可以看作是现时企业特有知识存量 k_t 和投资 I_t 的函数，记作：

$$\dot{k}_t = G(I_t, k_t) \tag{2.1}$$

这里的 G 是知识增长函数，是一阶齐次凹函数表示知识生产的收益递增。由于 G 具有一次齐次性，则上式可以写作：

$$\dot{k}_t = k_t \cdot G(I_t/k_t, 1) = k_t \cdot g(I_t/k_t) \tag{2.2}$$

知识的积累方程（知识增长率方程）为：

$$\frac{\dot{k}_t}{k_t} = g(I_t/k_t) \tag{2.3}$$

由于知识生产的规模递减使知识增长率函数 g 存在一个上界 α，使 g≤α。当 $I_t = 0$ 时，$g(0) = 0$，意味着当对研究的投入为零时，知识存量不发生变化，同时知识不会贬值，也不转化为消费。

假定知识除外的其他要素（如实物资本、劳动力、人口规模等）是固定不变的，则可令 $f(k_t, K_t) = F(k_t, K_t, x_t)$。如果 x 是劳动力，则 f 可以看作人均收入，等于人均产出。罗默取 C - D 函数为生产函数，人均产出函数为 $f(k, K) = k^v \cdot K^r = n^r K^{v+t}$，令效用函数 $\ln C(t)$，$C(t)$ 是现在消费量。解效用最大化问题，罗默的知识增长率表达式为 $g = vn^r k^{r+v-1} - \delta$，δ 为效用折旧系数。在规模收益递增的假设下 $v + r > 1$，g 是递增的即投资收益率（知识增长率）递增。所以投资速度越来越快，经济增长率也随之不断提高。

通过对消费者效用函数的研究，罗默证明社会适度知识存量与经济增长之间存在着均衡，但是由于建立在收益递增这样的基础上，所以不存在帕累托最优。罗默的结论中有着这样的逻辑结果：技术的进步能增加投资收益，投资的增加又会对知识的积累有正面影响，知识的增加又促进了技术进步，这种循环过程，使专业知识产生内在经济效应，给相应的企业带来一定的垄断利润，进而为研究开发新产品提供资金来源。一般来说，知识有其外部性，会使全社会获得规模效应。可以说知识积累后，由于其内在和外在效应，不仅使某一种产品在生产过程中收益，而且会使生产函数中其他要素的收益递增。也就是说，知识的积累可以使经济增长长期稳定，它是现代经济增长的源泉。

目前，德国、意大利、荷兰、澳大利亚、美国、日本等发达国家，对知识积累、溢出影响区域经济增长的理论研究成为经济学家研究的热点。而在实证方面，施特尔和亨利（Stel and Henry，2002）应用面板数据分析方法研究荷兰1987~1995年工业部门知识溢出、区域竞争与经济增长的关系，结果表明区域竞争与产业之间知识溢出对产业部门经济增长影响显著，而产业专业化水平对产业部门的经济增长影响不显著。迈克尔和安妮·卡特琳（Michael and Anne Katrin，2000）采用稳健估计技术检验区域 R&D 强度与区域技术溢出对西德功能区 1976~1996 年劳动生产率的影响，结果显示知识溢出效应超越了功能区的边界，显著的溢出效应发生在邻近区域，知识溢出效应的有效范围是地理受限的。

我国学者朱美光、韩伯棠（2006）等基于新增长理论中知识对经济增长的贡献率，在改进卡尼尔斯（MC. J. Caniels，2000）和马克斯·基尔巴赫（Max Keilbach，2001）等知识溢出模型中对区域知识存量度量的基础上，修正空间知识溢出模型中技术距离（technology gaps），形成基于空间知识溢出的区域经济增长模型。拜琦瑞、杨开忠（2008）认为知识分布的空间差异是理解区域经济增长与区域经济差距的关键性因素，而区域间知识流动（溢出）的便捷程度——即知识的可达性是区域经济发展的重要影响因子。

2.3.2 人力资本与经济增长的关系

20 世纪初，美国的经济学家费希尔等经过一系列的研究分析，认为只要能够带来收入的财产，都是资本。他对资本的内涵进行了详细的阐述，并对资本重新定义，在经济学理论上为人力资本概念的确立铺平了道路。舒尔茨在他关于人力资本投资的著作中，首次提出"人力资本"这一概念，并从宏观经济层面上进行了分析，阐述了人力资本投资在经济增长、报酬增长方面的作用，同时还对人力资本的形成方式、途径进行了研究，该研究主要从教育对经济增长的和教育投资收益情况来进行。爱德华·丹尼森（Edward Denison）在其理论基础上对于人力资本要素在经济增长的计量分析方面做出了重要的贡献，他用实证研究证实了舒尔茨的观点，并修正了舒尔茨论证的教育对美国经济增长的贡献率，使理论与实证分析紧密地联系起来。

人力资本理论的微观经济分析的代表人物则是加里·S. 贝克尔（Gayr. S. Becker）以及雅各布·明塞尔（Jacbo Mincerian）。贝克尔分析了正规教育的成本和收益问题，他将新古典经济理论中的方法应用到人力资本投资中，对个人收益与人力资本投资的关系进行了研究，从而提出一个系统的人力资本理论框架。明塞尔（Jacbo Mincer）以个人收入和其接受的培训量作为两个变量，建立一个分析两者关系的经济数学模型。在后续人力资本与经济增长的关系研究中，学者们大多从要素、效率的生产功能以及知识的外部效应的角度来分析前者对后者的作用机制，如阿罗（K. J. Arrow）的"干中学"（Learning by Doing）理论。卢卡斯（R. E. Lucas）和罗默（P. M. Romer）在其理论基础上，进一步研究了人力资本存量在内生性经济增长过程中的重要作用，把人力资本视为最重要的内生变量，建立了"收益递增模型"和"两资本模型"等增长模型。近年来，保罗和舒尔茨（Paul and Schultz，2003）通过研究发现教育、成人保健以及劳动力转移是近年来要素生产力持续增长的关键因素。坎拉斯等（Canlas et al.，2003）运用罗伯特·索罗的新古典增长模型研究了菲律宾的经济增长模型，结果证实人力资本促进了技术进步，符合理论预测，但在统计上并不显著。李钟和（Lee Jong–Wha，2005）认为，韩国在过去30年里与美国人均产出的差距迅速缩小在和大程度上归功于人力资本与物质资本的积累上，而不是全要素生产率的提高。而范登布施（Vandenbussche，2006）等研究了19 个 OECD 国家 1960～2000 年人力资本组成的不同部分的作用，发现对 TFP 有显著促进作用的是受过高等教育的人力资本部分而不是平均人力资本。

国内对于人力资本对经济增长作用的研究大部分是介绍新经济增长模型，或者结合国内的数据对人力资本在经济增长作用进行实证，而且后者居多，实证研究中又可分为两种类型：其一是人力资本对经济增长的实证分析，其中有部分学者利用实证分析的方法，分析人力资本与经济增长之间的关系，如沈利生、朱运法（1999）等就应用该方法实证了人力资本对经济增长的促进作用。李杰（2001）、王德文（2002）、杨建芳（2006）等通过在内生增长模型中引入人力资本变量，利用我国的统计数据进行实证研究发现：我国的人力资本投资对经济增长具有积极作用。周晓、朱农（2003）将人力资本作为变量，引入到生产函数中，并利用1989～1995年29个省份的宏观数据，来研究农村地区人力资本对产出的作用。实证结果表明，人力资本的投入对中国农村经济增长，增加农村居民的收入有着重要的影响，这在发达的东部地区显得尤为明显。另有部分学者认为人力资本要素在整合其他要素中发挥着重要的作用，如王金营（2005）的实证表明，人力资本不仅仅是生产要素，而且对整体要素的协调发挥起着重要的作用。颜鹏飞（2004）运用 DEA 的方法测度了 1978～2001 年中国 30 个省份的面板数据，进行实证检验发现，1992 年以后，人力资本和制度因素对全要素生产率、效率提高以及技术进步均有重要的影响，其二是人力资本在区域经济发展不均衡中的作用。白雪梅（2004）通过研究发现，教育的不均等会使得收入不均等程度加剧；目前中国平均受教育年限的提高没有降低收入的不均等程度，反而扩大了这种不均等程度。郭建雄（2005）以人力资本和生育率作为变量来分析城乡收入之间的差距，结果发现农村的高生育率和较低的人力资本积累，是农民收入增长困难的根本因素；而城市则相反，高人力资本积累和低生育率，使差距进一步持续增长。邹薇、张芬（2006）基于收入的来源，对农村各地区总的收入差异进行分析，结果表明，农村地区间工资性收入的差异是导致农村各地区收入差异的主要因素，而农村居民的工资性差异与其人力资本存量或者与受教育程度相关。

2.4 知识资本理论研究现状及其与经济增长关系的评述

经过前面部分的分析可以明了：国外对于知识资本的研究，从微观的角度出发，阐述了知识资本的内涵、概念以及结构组成，在此基础上进一步研究了知识资本的评估、计量及组织管理等；国内对于知识资本的研究则在沿袭西方研究的基础上，基于中国文化背景对知识资本进行了研究，主要也集中在企业等微观经济体上。关于知识经济下的知识资本对区域经济发展的作用和影响的研究，则主要集中在知识溢出或人力资本两个方面，并建立了经典的理论模型，国内外对此均有相关方面的实证。尽管以上关于知识资本的研究取得很大的成就，但也存在着以下的不足：

（1）从研究对象来看，对知识资本的研究，研究层面局限于微观经济体，主要从提高企业的核心竞争力以及企业的持续发展等方面来进行，而从宏观层面来看，区域知识资本的研究却很少，尽管企业知识资本是区域知识资本的一个组成部分，但从知识资本的特征来看，后者并不是前者的简单组合，需要对其内容、内涵特征、结构模式等做进一步深入研究。区域经济发展的非均衡状况，知识资本存量及其创新的区域差距起到了关键的作用，因而对这方面的研究具有重要的社会、经济意义。

（2）从研究的内容来看，目前已有的研究将知识资本分成几个维度（如人力资本、结构资本、关系资本等），并且对不同维度进行了深入的分析，却罕有分析维度之间的关系，实际上不同维度之间必定存在着一定的联结关系，它们之间的影响不仅在于维度本身，而且对于各自的效率发挥也存在的影响，因此尚需对不同维度之间的关系进行假设检验研究。

（3）从区域经济发展不均衡现状来看，基于知识经济视角，无论是人力资本模型还是知识积累、外溢模型，究其根本主要还是从人力资本这一切入点来考虑，人力资本在经济发展中的作用毋庸置疑，但知识经济不仅仅体现在人力资本对于经济增长的作用，还有其他因素的协同作用，如知识产权、技术创新等。因此有必要综合考虑其他对经济作用明显的因素，而知识资本理论则提供了这样的一个框架。应该说知识资本的区域不平衡发展是区域经济发展差异日益增大的重要原因之一，而目前基于区域知识资本整体角度来进行区域经济的非均衡现状方面的研究比较少。

（4）从研究的方式来看，知识对经济增长的作用，主要从理论模型出发，基于定性的角度，并且基于若干假设，而从知识资本角度考虑，将其作为投入要素来研究，定量分析知识对区域经济的增长，更具有经济社会意义，但现有的文献非常少。

（5）知识经济的理论研究，在中国经济发展的环境下，如果忽略了制度变迁的区域性差异来探讨知识对区域经济增长的贡献及其发展差异，可能存在着一定的偏差；同时，促进区域知识转移来提高本区域内创新的信息及通信技术能力（流程资本）以及针对区域内外客户的需求提供有吸引力和竞争力的解决方案的能力、区域内外的交流程度等（声誉资本）对区域经济增长起着重要的作用，但这些因素如何与人力资本、技术创新交互作用而对经济增长产生影响在已有的研究中很少出现。

2.5 本 章 小 结

本章主要对知识资本理论研究的进展现状进行综合论述，并且对现有的研究进行评价，这一部分是本研究的理论基础。

对于知识资本的研究，国外目前主要基于三个不同的侧重点，一是知识资本的内涵及结构特点；二是知识资本的评估、计量；三是知识资本的组织管理。实际上这三者之间有一个逻辑的递进关系。国内的研究由于起步较迟，仅仅是在国外已有研究成果的基础上，从知识资本理论形成的过程、技术发展与知识产权制度、知识资本与物质资本的联系和区别、知识资本化的过程等角度来进行，尽管这些研究根据我国的经济、社会、文化背景进行了扩展，但仍脱离不了已有研究框架的约束。

对于知识资本的研究，存在着以下的不足：①无论国内还是国外，研究知识资本的主体大多为微观经济实体，很少在宏观层面进行展开；②知识资本的研究，更应注重知识资本不同维度之间的关系研究，以利于知识资本整体效率的发挥，为区域经济的持续发展做出贡献，同时为遏制目前区域经济的非均衡发展趋势扩大的现状提供解决思路，但这方面的研究非常少见；③大部分的研究基本上从定性的角度来分析知识资本与经济增长之间的关系，需要进一步从定量的角度来研究；④知识资本范畴的界定，需要进一步分析。

在知识与经济增长的研究中，最具有代表性的是新经济增长理论，建立了人力资本理论模型和知识积累理论模型，但这两个模型的最基本出发点还是人力资本，知识经济的内涵不仅仅是人力资本，还包括其他因素，如技术创新、区域知识传播和流动的能力等。

第3章　区域知识资本的维度
及其形成过程分析

3.1　区域知识资本的内涵与特征

3.1.1　知识资本的内涵

资本是一个古老的概念，对于其内在含义，经济学界众多学者都曾经给出过定义。早在 19 世纪，苏格兰的麦克劳德（H. D. Macleod）认为凡是可以用来获取利润的资源都是资本，其目的是为了增值，只要是经济量，都可以作为资本。[①] 同样，19 世纪奥地利欧根冯·庆巴维克（Eugen Von Bohm Bawerk）从理论上进行了分析，认为一般用来获取财富的手段或者产品都可称之为资本。[②] 萨缪尔森提出资本是一种生产出来的经济要素，其本身是产出物的同时又是产出物的耐用投入品。[③] 马克思则从商品入手，明确指出资本的本质是能带来剩余价值，并认为资本的积累规律就是把剩余价值逐渐转化为资本这样的方式来进行。商品生产及其流通，在这个过程中间资本得以产生，也就是说这些是资本产生的前提，这就是贸易的基本含义。货币是商品最终流通后资本的

---

① 麦克鲁德. 信用的理论［M］. 1872：127.
② 庞巴维克. 资本实证论［M］. 陈端，译，北京：商务印书馆，1964：73.
③ 萨缪尔森. 经济学（第十四版）［M］. 北京：中国发展出版社，1996：55.

表现形式。①

市场经济在发展，资本的形式也随之发生变化，其表现形式逐渐呈多样化，如产业资本、金融资本等。当然这些多样化的形式，有一定的内在逻辑联系：当某一种资本成为当时一种主要的资本时，其他形式的资本将会依附该资本而存在，最后成为该资本的派生形式。以产业资本为例，当其他资本成为其派生形式时，经济的发展就进入市场经济阶段。市场经济中，资本的物的表现形式有先进生产工具以及相应的劳动对象，所以从某种意义上来说，资本代表着一种生产力。随着市场经济的进一步发展，知识可以进行交换、交易，成为一种商品。而当这种商品成为经济增长中重要的生产要素时，知识商品不再是一般的商品，成为资本了，也就是知识资本。如果知识资本成为社会经济发展中最为重要的资本表现形式，其他形式的资本多依附存在，那么经济发展阶段就进入知识经济时代了。

加尔布雷思（J. K. Galbrainth）提出知识资本是一种动态形式的资本，同时又是一种知识性的活动，而不是传统的固定形式。斯图尔特通过理论研究和实证分析认为，在美国目前的经济发展阶段，知识资本已经成为整个社会最为重要的资本。之后他又从不同的层次上进行探索，认为知识资本不仅从国家层面上是重要的，在企业或组织中，它也是最为重要的资本，尽管它的表现形式为无形方式，无法触摸，但它能够使拥有者得到相对非常高的收益回报。斯图尔特还认为，在一个企业中，企业的组织文化、制度、员工的技能和知识、企业在运行中综合的知识多是属于该企业的知识资本。埃德文森和沙利文从计量和现实出发，以美国的微软公司为例，认为这个知识型企业在股市上被持续看好充分体现了知识经济的特点，一个企业的知识资本可以被认为是物质资本和非物质资本的整合，具体表现为企业真正的市场价值和账面价值的差额。斯维比认为知识资本就是以知识为基础的无形资产，不包含无形资产，企业的知识资本就是企业在知识基础上的无形资产，是企业的核心竞争优势所在。安妮·布鲁金（Annie Brooking）认为，知识资本实际上是使公司得以政策运行的所有无形资产的总和。戴维·克雷思则表述得比较详细，他把企业的知识资本分为企业所拥有的知识技能，甚至经验和相关的软资产等几类。

20世纪90年代中后期，知识资本的概念逐渐进入中国，从一开始就得到

---

① 马克思恩科斯全集［M］. 北京：人民出版社，第23卷，167.

了国内诸多学者的关注，并对其进行了一些初步的探讨。党兴华（1999）等认为，知识资本是一种资本化的知识要素，并在知识为主体的基础上，参加社会生产循环。知识资本最为显著的特点是控制性和支配性，其内容分为技术资本和人力资本。保健云认为，知识资本是由物质资本和非物质资本合成的，具有潜在、动态的无形的特点，而且还能使资本增值，数值上表现为企业市场价值和账面价值的差额。从前面的分析中可以得知，保健云的观点实际上组合了沙利文、艾德文森和斯图尔特的观点。袁丽把知识资本等同于企业的智力资本，该智力资本能在可预见的未来为企业带来收益。王勇、许庆瑞等认为，知识资本是一种组织现象和企业能力，也就是相关知识元素通过一定程序后的一种整合，这种整合能为拥有者创造财富。它的存在有一个前提条件，就是企业必须具备多重知识元素，这些元素不仅不是一种简单的组合资本，而且是以无形、潜在的方式存在。严若森认为，企业知识资本就其本质而言是企业的无形资产，只不过是这种无形资产融合了企业的组织结构、企业文化、制度规章、员工知识和技能等相关因素。随后，李平（2007）、陈钰芬（2006）等在区域范围内给出了类似于知识资本的相关定义。

笔者认为，知识资本是以个人、组织或国家的知识为平台，以知识的多种形式动态存在的，在商品和货币关系中以价值及其辅助形式来追求增值的一种资本，其外在的表现形式存在着显性和隐性两种方式，其实质是所有者将知识资源转化为价值的能力。知识资本是一种特殊的资源，其特殊性表现为它是经济发展过程中价值增值的手段和载体。当知识用于交换，并且成为商品生产和流通过程中价值形成和增值的载体，或者知识能够体现出一种能力，而这种能力能够为拥有者创造价值或形成竞争优势，这些知识即成为知识资本。比如，某个企业购买一项技术或投资开发一项技术，在其运行中实现了价值增值，这种知识商品就成了企业知识资本；一个区域集思广益，因地制宜制定了一些适应本区域法规政策，并在其不断地完善中促进了当地经济的发展，同样也是区域知识资本，而且由于区域实际情况不一致而不能为其他地区直接模仿。

3.1.2　区域知识资本的定义

知识资本理论实际上就是战略管理理论的一种，在企业这个微观层次有重要价值，在宏观的国家和区域层面，同样可以运用该理论来对社会经济的实践活动进行指导。德布拉·阿半登（Debra Amidon）是较早提出将知识资本理论应用在宏观经济上的学者之一，他对国家层次的知识资本理论进行了研究，并对相关的研究成果进行了系统的梳理，认为知识资本是一种重要的生产要素。随着区域经济均衡发展、持续稳定发展被进一步关注，将知识资本的应用范围扩大到国家或区域层次，来促进经济建设，研究区域知识资本构成并探索其对区域经济发展的重要指导作用，逐渐成为理论研究的一个关注点。

对于区域知识资本的概念界定，部分学者通过深入的研究，提出了大概一致的定义。尼克·博蒂斯（Nick Bontis）认为，知识资本是区域和社区、企业、研究机构以及个人所拥有的隐性价值，是目前和未来财富创造的主要动因。结合知识资本内涵的分析以及现有的研究成果，本研究认为，区域知识资本是一种归属于该区域的一些知识和能力，它以动态形式存在和具有价值创造的功能，其表现形式具有多元性。如本区域内人力资本、知识产权、专利发明、技术创新能力等。与企业知识资本中的商誉等类似，本区域相对于其他区域的资金吸引能力、人才吸引能力（本研究中定义其为区域声誉资本），支撑和促进物流、信息流以及知识流的区域内外传递能力（本文研究中定义为区域流程资本）等均属于区域知识资本范畴；同样，如果一个企业中的各项管理规章制度是企业中的知识资本，那么对于一个区域来说，区域内根据本区域的经济、社会、文化特点而制定的各种政策、法规同样为本区域内的经济运行做出了必不可少的贡献，而这样的法规、政策是在总结了实际情况，甚至在吸取很大的教训的基础上建立的，是知识、经验的一种提炼，符合知识资本的定义和内涵，同样也是宏观层次的知识资本。

3.1.3 知识资本与无形资产、智力资本、人力资本之间的内涵区别

在进行文献研究时发现，较多的学者对知识资本的理解都是从某一个角度或者从不同的层次去探讨，强调了一些不同的侧重点，但未能全面、准确地反映知识资本的本质，其重要原因之一就是在一定程度上混淆了知识资本、无形资产、智力资本、人力资本等概念，为了使本文主要研究对象及核心概念更为

明确，接下来对这三个概念的内涵进行简略辨析。

3.1.3.1　知识资本和无形资产的内涵差异

无形资产是指无实物形态的，企业用于生产商品或提供劳务、出租给他人，或者为了行政管理目的而拥有的，具有使用年限的非货币性资产。我国《企业会计准则——无形资产》中规定，无形资产包括专利权、商标权、著作权、土地使用权、非专利技术、商誉、特许生产经营权等。从无形资产的定义及其内容上分析，就可以看出无形资产并不等同于知识资本，它是比知识资本更宽泛的概念。如无形资产中的土地使用权和特许生产经营权，主要是指由政府主管部门或企业，特许一定的主体在一定地区、一定期限内生产经营某项业务或某类产品的特别权利。拥有这种特许生产经营权的单位和个人，可以凭借这种特权获取额外的经济利益，但是很明显，这种特许生产经营权与土地使用权等，并不是以知识形态存在，也无须付出知识劳动，故不在知识资本归属里面。

3.1.3.2　智力资本和知识资本的内涵差异

一般来说，"智力"的概念归属与心理学或社会学的范畴。智力是能力和智商的组合，也就是人们对知识技术运用能力的大小。当然，不同的学者有着不同的理解，有学者认为智力是一种先天性的属性，同时也是强调脑神经作用的结果；另有学者从不同的角度来思考，强调智力是心理特征，是个性特点，这是以认识论为切入点，跟性格、气质等有着较大的差异；也有学者将智力界定为一种适应能力。[①] 在如果基于经济和管理的角度来看，则从劳动者智力因素出发，融合劳动价值论，智力是认识本质、运用知识来进行有创造性的解决问题的若干能力的总称，创造性是其本质内容，是一种基于体力、智能结合的人类专有的较高层次的能力。[②] 也有一些学者强调，智力资本是各种知识元素在特定企业中进行有效组织，而后表现出来的能为企业创造效益的能力。可见智力资本更强调的是一种能力。

---

① 对"智力"的定义和评述，参阅白学军的《智力心理学的研究进展》，浙江人民从出版社，1996。

② 齐善鸿. 新资本逻辑与企业制度 [J]. 南开管理评论，2000（3）.

按照 OECD 对知识的功能分类，知识包括知道知识是什么的知识、怎样做的知识，及技能知识等，它同样是后天在社会实践中形成的，是对现实的反映。"智力"则一般被认为是人认识、理解客观事物的能力，是人们运用技能、经验等来解决问题的能力，它的内容包括诸多方面，如想象、观察、判断思考等。而"能力"则是才能和力量，并且是胜任一定任务的能力。可以发现，知识可以包含才能，而才能不能包含知识。因此，知识资本比智力资本范围更为宽广。智力资本作为一种能力，仅仅是知识资本的一部分内容，所以它不完全等同于知识资本。一般来说，智力资本侧重于表达隐含知识的资本属性，对于显性化知识的资本属性难以概括。所以，智力资本不能够反映现实经济活动中知识商品资本化的全貌，而知识资本则不然，它同时涵盖了隐含知识和物化知识的资本属性，是能够反映现时生活中知识商品资本化的全貌。

3.1.3.3 知识资本与人力资本的内涵差异

人力资本概念是对传统资本概念的扩充，对于资本理论而言，是重大的革命性的拓展，而知识资本这一概念，则是在人力资本理论的基础上又一次富有深远意义的拓展。人力资本是知识资本的核心、基础，但知识资本的外延比人力资本大得多，知识资本不仅包括人力资本，而且包括组织总体价值实现所必需的其他资本，如管理资本、结构资本、声誉资本等，人力资本仅仅是智力资本的一个组成部分。关于人力资本、智力资本、知识资本和无形资产的范畴关系见图 3.1。

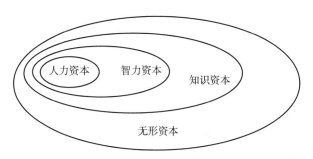

图 3.1　知识资本与人力资本、智力资本、无形资产的范畴

3.1.4　区域知识资本的理论特征

知识经济的兴起，区域知识资本对着区域经济的发展起着关键的作用，作为经济增长的要素，其既区别于一般企业的知识资本，又有一般资本的所具有的特点，具体见图 3.2。

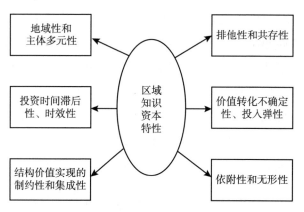

图 3.2　区域知识资本的特点

3.1.4.1　区域知识资本的地域性及主体的多元性

区域知识资本以某一地区的经济发展为主体，采用了相对一致的理论体系及研究方法，但由于不同地理空间的经济、地理等环境状况不同，其研究结论因地区的不同而呈现多样性，因而区域知识资本具有地域性特点。知识资本在一个区域内来说是一个整体的概念，但具体到所属主体，涉及多个主体，如区域内的人力资本，可以归属到个人这一主体上；而知识产权、管理规章制度、专利权等则又可以归属到区域内的某一个企业上；区域内为了加速知识的流动以促进创新而制定新的规章制度、政策等则又可归属于区域行业协会、地方政府等，因此区域知识资本的主体具有多元性。

3.1.4.2　区域知识资本的排他性与共享性共存

知识资本的排他性包含两方面的含义：一是指其他资源无法替代；二是指

区域知识资本中的部分因素只能为某一区域独有或使用，也就是说，部分知识只能在特定的区域发挥作用，其他区域若要模仿，必须具备相应的条件。进入知识经济时代，知识已经是经济发展的关键生产要素，其他要素均依附知识资本发挥作用，离开了知识资本，区域经济的发展将成为一句空话，因而它是其他资源无法代替的。不同的区域有不同的情况，如产业、地域、人才等各方面优势和劣势。对某个区域促进了经济发展的知识资本，除了选择环境、现状接近的区域可作参考外，对其他区域并不一定能发挥作用，甚至有可能会起到反面的影响。区域知识资本的共享性是指其在知识资本中的人力资本、技术创新等在价值的实现过程中具有一定的共享性。也就是说知识不具有排他性，可供不同的区域同时使用。但是这种特性必须具备一定的条件，在合理的范围内才可以，比如产业的同构程度、技能的普适性等。区域知识资本与经济协调增长的区域可以为其他现况类同区域树立标杆作用。知识是可以交流、学习，正是这种交流使得多重知识进行融合，从而创造出新知识，因而知识资本拥有者多具有进行交流和共享的动力。

3.1.4.3　区域知识资本投资效益的时间滞后性和时效性

知识资本是一种预付价值，也就是投资在前，效用并不同时显现，有一定的滞后。这是因为知识资本的形成是一个投入产出的过程，期间有智力劳动的投入也有物质资本的消耗，这种投入还有一定的甚至较大的机会成本在里面，这些投入只能在未来的一定时期内得到补偿。但是由于知识资本的特殊性，其形成有一个持续的过程（见图3.3）。尤其对于区域知识资本的投资，区域内知识吸收转化、良好制度的形成更是如此，因而区域知识资本的投资效益的产生是有时间的滞后性。

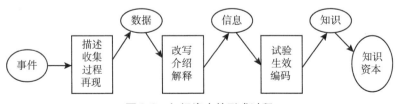

图3.3　知识资本的形成过程

资料来源：Michael J. Earl, *Knowledge as Strategy*：*Reflections On Sknadia International and Shoork films*, in L. Pursak（ed），Knowledge In Organization，Butterworth Heinemann，1997：7，并经过修改。

　　一般而言，知识资本的使用具有重复性，不会在一次使用中产生损耗；但是随着社会经济的发展，新的知识会产生，旧的知识会被淘汰，当然也有可能转化为公共知识，因此知识资本有很强的时效性。知识资本的损耗含有形和无形损耗，前者较小，后者甚大。对于一个区域来讲，如果是人才的流失而导致人力资本的丧失，那么区域资本的有形损耗也是很大的。但对于适合本区域的一些政策等知识资本则影响很小。

3.1.4.4　区域知识资本的无形性及依附性

　　从前面部分的分析可以得知，知识资本是多类知识的集合体，这些知识能够转化为市场价值，但这些知识元素基本形态是无形的，只能依附于一定的载体。知识的这种特性与价值的特性非常相似。知识资本的依附主体是人，表现其为人力资本，突出其无形的特征，如果依附于企业或者一个区域，不仅具有无形的特征，还具有一定的表现形式，如专利、商标、专著、艺术作品、新发明等。另外，企业管理规章制度和适宜的组织结构、区域政府因地制宜制定的政策和规定等，同时还可表现为知识产权、部分无形资产和商标的所有权。知识资本的存在形态具有多样性，也必须有相应的依附主体，但其作用是非常明显。

3.1.4.5　区域知识资本价值转化的不确定性和产出弹性

　　在企业生产经营的过程中，知识资本的价值转化具有明显的不确定性，一般来说，转化以前知识资本的价值处于潜在的态势，其转化程度如何，取决于知识资本拥有者的利用和运作能力。知识资本的价值实现由隐性到显性这样的过程，这个过程中间有太多的不确定因素，无法用统一标准和准则来给予确定，因而具有不确定性。投入弹性则是知识资本各个维度在作为要素投入时，外部环境会影响其产出弹性，即使是如知识产权等种类的知识资本，其作用的发挥也具有一定的弹性。

3.1.4.6　区域知识资本各个组成部分的价值实现具有相互制约性和综合集成性

　　知识资本是一个整合系统，它由不同的部分有机、协调的组成，而且各个部分之间相互制约、影响，缺一个都会影响系统整体效率的发挥，具有典型的集成特性。这种特性和约束理论有较大的相似性，如果某一部分成了系统中的资源或能力的瓶颈，将会影响整体价值实现程度的高低。

3.2 区域知识资本的形成过程及表现形式

3.2.1 区域知识资本形成的过程

3.2.1.1 知识资本形成的分阶段过程及其条件

知识并非在一开始就是资本，它是知识经济发展到一定阶段的产物。尽管知识的属性（如价值、商品和资本属性等）使知识向资本转化已经具备了必要的条件，但其形成是有一个过程的，而且是在具备的一定的条件下，辅以必要的方法和措施才能转化为资本。在知识资本形成过程的不同阶段，其需要的条件具有不同的侧重性（见图3.4）。在本章节的研究中，通过知识资本形成来分析其过程和相应的必要条件。

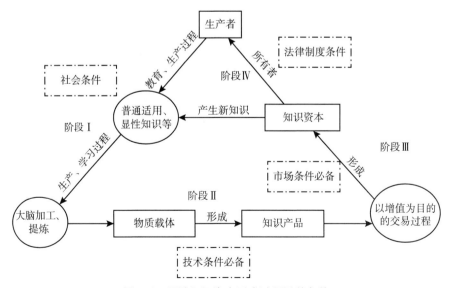

图3.4 区域知识资本形成过程及其条件

（1）新知识形成阶段及其社会条件。

区域知识资本形成的最初阶段，是生产者积累知识阶段。知识成为关键生产要素已经得到认可，并且生产者接收教育、在生产过程中吸收知识具有较高的积极性，为下一阶段的知识产品提供积累。古典经济增长理论和模型中，一般有三种最基本的要素，如劳动、资本和土地。但是，随着社会经济的发展，要素的含义不断被深化，要素的概念范畴也在不断外延。技术在现代社会的生产过程中发挥着越来越大的作用，这样技术、知识等也被纳入了这个范畴。根据市场经济理论，一种生产要素由于其相对稀缺性而会成为生产的核心要素，所以核心要素成为社会发展过程中的焦点，但是核心要素会随着社会发展而发生迁移或转换成另一种非核心要素。历史经验证明，在人类发展的不同阶段，核心要素都是在推动经济发展中发挥着决定性的作用。进而，生产要素发挥作用的不同而决定了其拥有者的社会地位，从而赋予经济制度以不同的社会性质。农业为主的时代，农业产值占比重最大，相应地，土地与劳动力成为主要的生产要素。尤其是土地，作为经济力量的主要源泉，谁占有了土地谁就占有社会财富，决定社会性质。在工业社会，工业产值占了最大比例，物质资本成了主要的生产要素，也就是说物质资本在经济发展中的地位日益增强，使其成为主导要素，这也是雇用劳动制来源的理论基础。

进入知识经济时代，生产主要依靠知识要素，其他资源如资本、能源、劳动力和原材料等不再是决定性的资源，要想创造财富，知识是基础，知识的创造性高低体现了财富创造的程度大小。因而知识成为核心要素，具有不可替代性。要在知识经济中制胜，必须取得知识要素的控制权和主导权。进入到知识经济时代，首要的主导性的生产要素是知识，而不再是其他资源。以人和组织为载体，以信息、知识状态存在的知识资源，由于其在生产过程中的价值增值和无限制的复制、传播和使用，在成为经济发展中首位资源的同时，为知识向资本转化，提供了必要的社会条件。

（2）知识到知识产品阶段及其所需技术条件。

知识资本形成过程的第二个阶段是知识产品的形成。从知识到知识产品需要一定的技术条件。知识作为要素在全社会得到广泛的使用和流动配置，这是知识经济最为基础的经济形态。因此，知识作为一种可交易的商品，其形成需要高度发展的技术水平与手段，尤其对于数据处理、信息技术等方面的发展。只有具备了这样的条件，知识要素的配置才会突破时间、空间的限制，提高快速、有效配置的能力，从而实现知识的无限复制和使用，提高利用率。而在农业经济时代，生产技术不高，多数人固定在溢出，知识文化水平非常低，一般生产要依靠自然条件，为满足最基本的生存而劳作，因而知识在此阶段不可能成为一种生产要素。工业经济时代，生产力水平得到了很大的提高，人类的需求也不仅仅在于满足最基本的生存条件，但由于发展的不均衡性，不同区域的知识普及、流动程度差异性很大，形成知识产品的相关的技术条件还远远不够。

在知识经济时代，得益于科学技术的飞速发展，能够形成生产力的要素结构发生革命性的变化，生产力基础已经是各种知识群的集合，而不再是机器工业，这些知识群包括信息技术、人工智能、空间技术基因工程、计算机和电子通信、材料科学、生物工程等。也就是劳动对象、工具均发生了重要的变化，而且劳动者本身的各方面素质得到了很大的提高。在这一阶段，科技得到了迅猛的发展，尤其是信息技术、数据处理和传递、网络技术等方面的快速发展，知识的传播范围得到极大的扩展，社会的其他要素多围绕着知识的运用而展开，为知识资本成为核心要素奠定了坚实的基础。

（3）知识产品向知识资本转化阶段及其所需的市场条件。

知识资本形成的第三个阶段，就是知识产品向知识资本转化的过程，即赋予知识产品商品属性。因而知识的形成，完善的市场环境是必不可少的，良好的社会环境及先进的技术环境仅仅是必要的条件之一。农业经济时代，农产品是主要的社会商业产品，相对来说规模小，而且彼此独立，没有相互之间的联系，这样市场的供求关系不能反映知识资源的配置程度。在工业经济时代，市场体系得到了一定的完善，知识商品的市场交易也出现了萌芽状态，但是真正的知识产品交易市场以及相应的交易规则和方式还远远没有建立。在知识经济时代则不同，知识市场及其配置机制得到了很好的完善，市场交易主体完全不同，知识产品的交易也形成了公正、有效和有序的良好状态，市场在知识产品的生产、传递中的作用，如同工业经济时代中市场对商品的流通作用一样，发挥着基础性的调节作用；知识得到了合理、有效的流动与配置，为其价值增值创造了良好的市场条件。

（4）知识资本归属阶段及其法律制度条件。

知识资本形成的最后阶段是知识资本的归属及收益问题。知识资本形成的最终结果是所有者能够从中得到收益，如何保证这部分收益，涉及知识资本投入的激励程度大小，它需要相关的法律制度给予保障。知识资本想要获得企业剩余索取权，跟物质资本一样分享剩余，就必须进行产权制度的创新，对知识资本产权进行法律制度上的支撑。这种产权法律制度的制定和实施，不仅弥补了知识产权法律制度的相关漏洞，还能从解决知识资源向知识资本转化的问题。建立相关知识资本产权制度，可以进一步鼓励个人、组织对知识资本的投资力度，进一步加强社会知识创新，提升技术创新能力，而且对于晚上完善相关知识产权制度作用非常巨大。

完善的法律制度环境，可以使知识拥有者进一步明确自己的地位、权限和义务，在知识转化为收益的过程中，保障自身的利益不受侵害，规范知识资本市场行为。同时还可以对知识资本收益的计量、方式和监督做出较为完善、详细的规定，消除知识转化、流转中障碍。一般地，知识资本作为一种特殊的出资方式，也应有法定的公示效力，跟物质、金融资本无二，知识资本所有者应该承担的责任与其享受的权益，一方面充实其对外的责任，另一方面能确保其收益。

3.2.1.2　知识转化为资本的保障机制及相应方式

在知识向资本转化的条件中，除了相应的前提基础和环境条件，还要提供相应的政策措施以及保障机制，为知识向资本转化的最终实现打下基础。

知识要素能否转化为资本形态，相应的保障机制必不可少。

首先，要对知识要素的权力和义务进行法律化、制度化。在知识经济时代，知识要素是核心要素，是处于主导地位的要素，同时也是经济增长的关键，是创造社会财富的主要力量。知识要素的所有者和其他要素的所有者之间的利益关系如何进行分析，发现问题如何解决，也必须由特定的法律和制度予以明确，如知识要素的收益权、经营权、控制权和处置权等，当然关键还是要明确知识的所有权。

其次，建立相关知识要素市场配置机制。经济发展的任何阶段，主导性的资源要素一般多是稀缺性资源，而且这些稀缺性资源的有效配置、市场价格的形成都是要通过要素市场的供给和需求共同完成。建立一个公正有序的要素市场的配置机制对于实现要素在经济发展中的作用非常重要，对于知识要素，如果没有这种机制，知识价值的增值成了一句空话，也无法对知识资本所有者进行有效的激励。

最后，知识要素循环收益分配内容与方式的制度化。确定知识要素的主体以及跟主体对应的相关成果的分配具有重大的意义，可以使知识要素所有者在知识流动的过程中间，明确权利和义务，并使之对等，促使知识要素实现增值，同时完成对自身的复制使得其价值最终得以实现。另外还涉及匹配机制的问题，就是知识要素与其他要素的配置机制的建立。知识要素要实现顺利转化，就必须使其与其他要素协调匹配，一方面，离开了其他要素，如资本、劳动和土地等，就无法实现其流动，使其价值无法实现；另一方面，要在量上给以明确匹配的比例关系，以提高价值实现的效率。

知识转化为知识资本以后，从知识资本的依附性特点来考虑，知识资本的所有者或者行为主体需要采取符合自身特点的对策，根据自身的预期目标、行为方式以及权利和义务等，保证知识资本价值的实现。从政府层面考虑，在制定能激励知识向资本转化的政策的同时，还要建立能够推动知识传播的吸纳钢管机构加强国际交流，积极引进国外先进知识资源，这样有利于在本区域内形成良好的外部环境。从企业层面来考虑，无论是外部还是内部的知识要素，要积极采取各种措施，使这些知识要素内化为企业的知识资本，为自己在激烈的市场竞争中赢得优势打下基础。对此，企业要把握市场机会，创造各种条件，增大吸收知识要素的能力，在产品质量、技术、知识、信息上保证一定的优势。

通过上面较大篇幅的介绍，我们可以进一步了解到知识资本形成的前提，就是知识的若干属性，如价值属性、商品属性以及资本属性；知识资本形成还需要必要的环境条件，如社会条件、市场条件等，而且还要一定的保障机制和措施，才能最终实现知识向知识资本的转化。

3.2.2　区域知识资本的结构组成及其表现形式

按照内涵属性、功能的不同，本研究将区域知识资本划分为内容因素和结构因素两大维度。内容因素是对经济增长起长期决定性作用的知识与技术因素，如人力资本、技术创新能力等；而结构因素定义为那些能够促进要素流动、提高资源配置效率所产生作用的因素，如促进劳动力从低效率的经济单位向高效率的经济单位转移的因素，促进知识、人才流动的因素；能够扩大经济规模和市场规模、专业化分工以及促进进出口贸易扩大和进出口结构变动的因素等等，具体可以划分为流程资本、声誉资本以及制度资本（见图 3.5）。结构因素在促进内容因素效率发挥起着十分重要的作用，其一方面对经济发展绩效产生直接的作用；另一方面通过内容因素对经济绩效产生影响，即内容因素在结构因素与经济绩效方面存在着一定的媒介作用。

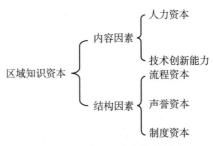

图 3.5　区域知识资本结构维度

3.2.2.1　区域知识资本的内容因素

区域知识资本的内容因素，主要包括区域人力资本以及区域技术创新能力两个维度，是指直接作用于经济发展，为区域经济的持续稳定增长做出战略性支持的因素。

（1）区域人力资本。

目前，无论国内还是国外的学者，对于人力资本的内涵争论甚多，没有一个统一的定论。20 世纪 60 年代早期，美国学者舒尔茨认为人力资本就是一种能力，是作为消费者和生产者的能力，具体表现为人的知识、健康和能力。萨罗在 1970 年的研究应该把人力资本定义为个人的知识、才华以及生产技能和经验。1987 年，贝克尔将时间因素考虑进去，提出人力资本不仅仅是技能、才干和知识，还应该将健康、寿命包含进去。我国学者李忠民等另辟角度，以信息商品化、技术和知识作为切入点，从哲学观点描述人力资本内涵，认为人力资本是内化在个人的，最终获得收益的价值。王金营等在综合前人的基础上，提出人力资本是由投资形成的，表现为人的能力、知识和健康等因素，物化为商品或服务来获得收益的那一部分价值。郭东杰（2002）认为，人力资本是指个体从教育和培训中获得的知识和技能等特定的一种生产性资本储备。由此可见，处于不同的研究目的以及理解的角度，众多学者对于人力资本所给出的定义差别比较大，但是有一个可以达到一致的理解，那就是人力资本是一个综合体，包含着健康、知识、技能、教育等因素。基于这样的一种共识，以及本研究的需要，笔者将人力资本定义为：人力资本就是人的自我投资，以期提高自身能力，并在将来能够给自身带来相应的收益，其内容包括教育程度、技能、健康状况、知识的提高或积累等。

对此定义有两个要点要理解。第一，人力资本不是一出生就有，而是投资的产物，它可能给人力资本所有者带来未来的满足或收入。第二，人力资本是需要载体的，他的载体就是劳动者，具体表现就是劳动者身上的技能、知识、能力等。这一点在舒尔茨的研究里也得到了充分的肯定，就是人力资本之所以称作资本，是因为它不仅仅是已经成为人的一部分，同时又能带来收益。古典经济理论中涉及劳动概念时，认为劳动仅需少量知识和技能，有其时代的局限性，这种表述已根本不符合现实情况。不同的阶段人类都在时刻投资自身，而且在量上考虑非常巨大，现代经济增长理论中人力资本因素已经进入研究者的视角了。

基于人力资本的内涵分析，区域人力资本就是本区域内所有单个人所具有的人力资本之和，但是区域人力资本的效率发挥并不是简单的单个人力资本效率发挥的代数和，还包括区域内不同人力资本之间协同作用而使效率提升的增加值。

（2）技术创新能力。

知识的创造、传播和共享是知识经济的核心所在，而其基本作用就是使创新速度加快。熊彼特认为，创新是对生产要素的重新组织。知识资本最活跃的方面就在于其创新性，知识的积累使总量呈几何指数增长，知识更新的周期大大缩小。知识资本就处于这样一个不断变化的环境下，因而知识资本区域中的创新能力也是知识资本中最核心的部分。

技术创新能力是指区域内不同的主体（如政府、组织或个人）创造心知识的能力，以及相关的开发新产品和服务、新技术和新工艺等知识产品的能力。创新是知识资本所有者在充分利用已有知识的基础上，进行劳动创新。后者包含了一系列的创新如营销创新、工艺创新、制度改革组织管理、文化创新、设计开发等。随着知识的快速扩散和科技的迅猛发展，劳动创新在经济发展中的作用越来越大。对个人而言，技术创新能力一般指个人获得的专利、技能等；对企业来说，专利、版权、商业机密、技术创新能力等均属于创新资本；而区域的技术创新能力则是以上两者的综合，同时还包括制度上的创新。对于区域技术创新能力的研究，可以从创新投入、创新产出以及创新环境这几个角度来综合来进行。

3.2.2.2　区域知识资本的结构因素

（1）流程资本。

尼克·博蒂斯认为，流程资本是指嵌入在信息和通信技术系统之中的，支持知识、信息、技术的输入输出的一种资本，其代表物是硬件设施、软件、数据库以及组织结构等。我国学者陈钰芬等认为，流程资本主要是某个区域所拥有的、为了共享、传播、创造知识的程序以及相关的基础设施，其目的是为了提高个体的关于创新方面的效率。科学、通信和计算机技术方面的飞速革新成为信息社会发展的先锋，信息通信技术的发展使我们能够处理、存储、检索和交换各种各样的信息，并且不受时间、距离、容量和成本的限制，它持续的发展正在开创一个全新的机会，那就是利用知识求发展。尤其对于发展中国家来说，利用信息通信技术无疑会促进社会的知识和信息系统的提高，允许当前数据、信息和知识的创造、利用和传播，从而推动经济的发展。计算机、互联网接入以及电信服务不足的国家或地区，会面临在世界市场中更加落后于其竞争对手的风险，因而本书中将流程资本定义为某一区域能够促进信息流、知识流的一种能力，可以用客流量、货流量、通信基础设施、因特网用户等指标来比较不同区域流程资本的差异。

（2）声誉资本。

声誉资本对于单个经济体来说，是其在经营过程中建立的各种外在信誉机制，主要包括商誉、声望、名望与社会责任、品牌价值等。而外延到区域层次，就是某个区域在其经济发展过程中得到认可的各种能力和知名度。具体可以分作两个方面。一方面是本区域与外部区域、国家之间的贸易能力、吸引投资能力等，一定时期内区域贸易能力与吸引投资能力意味着知识流通、技术溢出的量的高低，贸易量越大，尤其与经济发达地区之间的贸易，能够快速引进先进的技术，并推动进一步自主创新，推动经济的发展；另一方面则是区域的整体品牌知名度，品牌度代表着一个区域针对区域内外客户的需求，能够提供一个有吸引力和竞争力的解决方案的能力和成功的经验，实际上存在这区域品牌的省份，在我国不是少数，特别是产业集聚区的知名度。

（3）制度资本。

以诺思为代表的制度经济学家高度重视制度演进对经济社会发展的推动作用。他们认为技术创新主要解决的是技术的产出、应用和扩散，而合理的制度则能显著改善技术的流动效率。通过设计一定的法律、制度、秩序，可以把交易费用降低到可操作水平，从而使与先进技术相关联的生产活动得以正常运行。实际上在我国不同区域，尤其处于目前市场经济转型期，尽管国家层次的宏观政策或制度是统一的，但存在着执行度的差异问题以及不同区域的地方性政策和制度的差异问题，比如区域政府管制程度、区域的市场化程度、经济主体的自主性等多存在者很大的差异，而这种能够改善技术流通效率、提高资源配置的制度创新，我们定义为制度资本，这种制度资本显然是与经济增长有关的非政治制度。

3.3 区域知识资本结构各维度相互之间的关系分析

一个国家或地区的知识资本需要明确一个"变量系统（或模型）"，以便帮助和管理该地区或国家的无形财富。分析知识资本各个组成部分之间的作用关系，无疑对于知识资本效率发挥的提高、为提高知识资本而进行针对性投资等方面具有更重要的意义。也就是说，知识资本结构的各个组成部分虽然可能各成系统，但并不是完全独立，各个组成部分之间存在着价值实现的相互制约性，知识资本的几个组成部分在价值实现过程中相互影响和制约，缺失任何一部分，都会影响知识资本整体价值的实现。

尼克·博蒂斯（2004）在《国家知识资本指数：一个与阿拉伯地区有关的联合国项目》中认为，宏观层次的知识资本由人力资本、市场资本、更新资本以及过程资本组成，并指出人力资本是一个国家知识财富的先决条件，由人力资本促进过程资本，过程资本进一步促进声誉资本和更新资本，更新资本又反过来促进人力资本的发展，声誉资本则直接作用与国家或地区的金融财富。并且利用阿拉伯国家地区的数据对该结构模型进行了实证分析，其各组成部分之间的关系见图3.6。

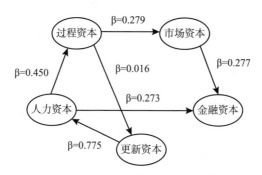

图3.6　博蒂斯知识资本结构图

我国学者陈钰芬等在分析区域知识资本结构的基础上，对知识资本组成的各个部分进行了定性分析，并认为区域知识资本由人力资本、关系资本、过程资本以及创新资本组成，并认为在知识资本的各个要素中，人力资本最为关键，是价值实现的重要条件，它包含了人们的经验、知识、智慧和能力，为其他因素的发挥提供基本支持。过程资本一般来说就是基础设施，有利于知识、技术和信息的传播，为新知识的创造、知识资本的增值作用等提高喔喔那个相应的环境支持。若过程资本发展良好，人力资本的效能发挥就会提高。这两个因素的有效互动和配置会创造出新的知识，进一步使知识资本的内容增加，效益充分发挥，有利于其价值的实现。创新资本则是知识资本中的核心要素，人力资本和过程资本的共同作用是其发展的基础。而创新资本的发展又会使关系资本得到提高。知识资本之所以能够成为区域竞争的驱动力以及赢得竞争优势的，就是通过创新资本、人力资本、过程资本和关系资本之间的互动和协调作用，使区域经济得到快速发展。

本研究认为，区域知识资本中，内容因素对经济发展绩效有着直接显著作用，结构因素则主要是通过内容因素来进一步影响经济绩效，内容因素在结构因素与经济发展绩效之间起着重要的媒介作用；两种因素的均衡发展对经济发展绩效的贡献更为显著，两种因素之间的不均衡发展会影响知识资本总体效率的发挥；在结构因素与内容因素的相互作用中，流程资本对于人力资本而言，由于流程资本反映的是区域各种资源、信息流通效率的能力，例如，信息技术、互联网的发展程度、流通基本硬件设施的建设（如公路、港口、贸易渠道等），流通效率的提高，会加速信息流、知识的转移速度，进一步促进了人力资本、技术创新资本的提高，即结构因素中的流程资本对内容因素中的人力资本、技术创新均有正面的作用（见图 3.7）。

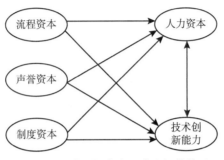

图 3.7 区域知识资本组成之间的关系

声誉资本是一种各种资源流动的量的概念。在本书上述的分析中，包含了国内、国际贸易以及外商直接投资和区域品牌度等内容。实际上已有众多的国内外文献研究表明，贸易带动了知识、技能的流动，一方面为发展较落后的地区带去了先进的技能、知识，促进了这些地区人力资本和技术的提高；另一方面由于这种流动带来的信息的变化，促进了双方进一步的技术创新；区域品牌一般指区域企业公共品牌（enterprises public brand），是指一定行政或地理区域范围内形成的、以区域内某一比较优势为核心价值的、区域内符合一定条件的企业族群共享的公共品牌。区域品牌对区域内企业、产品、服务或资源等给予定位，并通过营销传播使这一定位受到社会广泛认可，综合体现该区域企业的信誉、产品、服务等方面的信息，也体现该区域基础设施、自然资源、气候、地理位置、历史文化等方面的信息。区域品牌的价值和影响力关键在于具有良好的声誉。从而吸引各方的人才、投资等，从而促进该地区人力资本、技术创新资本的提升，也就是声誉资本对人力资本和技术创新均有正面的作用。

从上节的分析可知，制度资本是为了改善技术流动的效率，实际上就是为技术创新提供良好的环境，同时市场化程度、政府的管制程度和区域内经济主体的经济活动自主性等对企业的创新均有影响，同时还间接影响了社会经济资源的配置效率，进一步影响企业的创新积极性。制度资本对技术创新资本的影响比较显著，而对于人力资本，影响并没那么显著，原因在于影响人力资本的主要因素是教育、卫生、工作学习环境等，很大一部分在个人的主观控制下，但是一些促进企业增加员工培训投入的政策、制度，也会导致人力资本的增加。

人力资本与技术创新资本互相影响，人力资本是技术创新的基础，技术创新则对于人力资本的提高是必不可少的因素。简单地说，只有较高质量和数量的人力资本，才能吸收、消化新引进的知识，从而在这个基础上进行创新或者二次创新，否则连消化、吸收多成问题，创新就更加无从谈起。技术创新意味着新知识的产生，个人新知识的吸收同样也意味着人力资本的提升，也就是说从技术创新中获得新的知识是人力资本提升的另外一个重要途径。

3.4　区域知识资本与企业、个人知识资本之间的联系

3.4.1　个人知识资本

个人是区域中最小也是最基本的知识资本主体。从知识资本的内涵来考虑，个人知识资本可以分为两种类型：一种是内存于个体的知识资本，即人力资本；另一种是游离于个体之外的知识资本，如个人所拥有的知识产权、社会声誉等。

3.4.1.1　内存于个体的知识资本（人力资本）

美国经济学家舒尔茨认为，人力资本具有后天获得性的特征，是通过培训、学习和教育等方式获得的能够为个体带来相关收益的知识和技能。虽然舒尔茨关于人力资本的定义为我国大部分学者所接受，但部分学者出于研究的不同角度，对其作出了进一步的探讨，认为其在内涵和外延存在着差异。有三个

主要的结论。一是人力资本存在于人体内但又投入生产中相关因素，如技能、经验、体力和知识等。二是从个人和群体的视角进行讨论，前者是后天获得的、存在于人体中的有一定收益可能的技术、健康、能力和知识等因素的综合；后者是研究的对象，是处于宏观层次，一个国家或区域中所有个体的人力资本的总和。三是认为人力资本是高层次的的经营才能或技术才能，一般只有企业家或者高级技术人员才拥有，普通劳动者的一般劳动能力不算人力资本。①

由于学者们对人力资本的定义存在差异，故在对人力资本进行分类时，也有着众多的角度。如按构成要素的形态来划分，可以分为知识形态和技能形态的人力资本；从使用的范围来进行划分，人力资本可分为通用型和专用型；基于能力结构进行划分，可以分为四种类型，分别是企业家型、技能型、管理型和一般的人力资本。也有学者从人力资本边际报酬的角度来划分，分为边际报酬递减和递增两种。前者是指一般人力资资本，如普通的劳动者；后者则不一样，所蕴含的知识、技能水平较高，如专用性人力资本、表现为经营才能的企业家人资本，还有特殊人力资本，等等。

本书从价值论的角度考虑，人力资本的价值包含先天价值和后天获得性价值。先天性价值主要从自然的角度去分析人力资本的形成，一般来说，包含的不仅仅是劳动者一般的体力，还包含其潜在的各种能力和创造力。先天性价值研究的是人力资本在其形成的过程中，人力资本主体主观上没有特定的意识来促使人力资本的形成，也没有投资和收益的思想，纯粹是天赋因素、自然的和自我教化形成的。后天性价值就完全不一样了，它是从外在因素来考虑人力资本的形成，有主观意识在里面。如有目的性地进行教育投资来增加知识、通过医疗保健的投入来提升健康水平、通过有意识的培训来增加技能、通过迁移和信息的接受来提高投资回报的效益等。这种投资的目的非常明确，希望在收回投资的同时，增加人力资本的回报率。可以这么说，任何劳动者都拥有或多或少的人力资本，只不过是不同的劳动者，其所拥有的人力资本在类型和程度上有所区别而已。当然人力资本的多少是一个动态的概念，随时间的变化或增加或者减少，这主要是因为一方面个人人力资本中有无形损耗这一特点；另一方

---

① 其中有部分观点转引自胡锋. 国内人力资本理论研究综述 [J]. 中国人力资源开发，2002（2）：24 – 26.

面，随着培训、"干中学"等后续方式的投入，使人力资本进一步积累。

3.4.1.2　游离于个体之外的个人知识资本

游离于个体之外的个人知识资本，是指由个人所拥有但并不能完全控制的知识资本，包含两方面的内容：一是个人的所具备的知识产权；二是社会声誉。

个人所拥有的知识产权是一种权利资本，是用一种法律形式来保护其私人利益。一个人如果拥有很多项知识产权，如发明专利、专著、科技论文等，那么他个人拥有知识产权的价值总量就是每一项成果的价值量总和。当然这种价值不是一成不变的，它是一个变量，如专利的期限，专利期结束以后，其收益或经济利润也就没有了。有时候即使专利期限没结束，但由于知识的传播和扩散，新的技术出来，使产品性能比原先的更为稳定，同样也会使知识产权的经济利润消失，使之贬值。

社会声誉则是社会外界对个体或组织的认可和评价，这是在人力资本所有者通过与外部环境的相互作用所带来的，有时跟人的道德品质、社会责任心等联系在一起。这个外部环境的因素既包括宏观环境，同时还包括微观环境。前者有社会环境、经济环境、文化环境、政治环境、法律法规环境等，后者则主要是市场环境和企业环境等。人力资本从质和量两方面的提升，会间接地使个人声誉上升，进而获得更高的知识资本。

3.4.2　企业知识资本

3.4.2.1　企业知识资本定义及组成

中外学者从不同的角度对知识资本的定义进行了解释，在本书第 2 章的文献综述中已经进行了大量的列举，这里不再赘述。众多的学者，无论国外的还是国内的，他们关于知识资本构成的研究具有非常重要的理论意义。由于研究的背景及视角不一样，对于企业知识资本在含义的理解上存在着很大的偏差。同时缺陷也较多，如沙利文等仅从两个维度来进行划分，这样的划分过于笼统，一方面不太容易了解知识资本各部分之间的联系；另一方面划分内容也有问题，如其中结构资本甚至包含财务因素。我们知道财务是物质资本，是知识资本的载体，而不是其本身。布鲁斯、斯图尔特和斯维比的三维和四维划分中，维度比较接近，各维的命名也差不多，但各个维度内涵差异也是非常之大，内容也有着不同之处。故笔者认为，对于他们的划分需要进一步分析，比如斯图尔特的三维划分，尽管对三个维度进行了较为合理的划分，但对于其中的结构资本的解释比较缺乏，没有反映其内部作用机理。还有，其划分的类别操作性不强。

同时，国外学者的若干种观点在其形成过程中，有一定的背景成分，如市场经济发育完全程度、与东方完全不同的文化差异，以及在企业的资本结构和运行方式上，有很多的差异。可以这么说，在不同的背景以及分析主体的差异下分析得出知识资本的组成情况，与实际情况可能存在一定的偏差。沈国琪、陈万明等在进行问卷调查的基础上，利用传统的因子分析方法对我国企业知识资本结构的组成进行探索性因素分析，认为我国企业知识资本由人力资本、技术资本、管理资本、市场资本以及关系资本五个维度组成，并对该维度利用结构方程模型[①]对此进行验证性因素分析，模型拟合较好，而且在分析结构组成中，排除了定向主观的成分，较为客观，见图3.8。

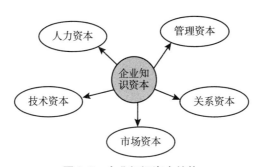

图3.8 企业知识资本结构

对于人力资本，一般是基于微观角度来考虑，它包含了企业所有员工拥有的技术诀窍、知识、技能以及新思想等。实际上在中国有一个普遍的现象，就一般中小企业而言，企业管理者就是投资者，并没有采取现代企业管理制度，

---

① 沈国琪，陈万明. 我国企业知识资本结构的探索性和验证性分析 [J]. 科学学研究，2009 (3).

因此企业知识资本应该为本企业的全部成员，同时应该把科研合作单位的人力资本也计算进去。这样，人力资本范畴明显要比国外企业人力资本包含因素要大。

管理资本是指存在于组织内部的知识因素，其主要功能是保证组织的正常和有序运转。从性质的不同可以分为三类：一是信息平台类资本，为企业的知识活动提供技术和平台上的支持，如企业的信息系统、内部网等；二是流程资本，这类资本能够有效降低沟通协调成本，使企业运转更为有序，如企业的各种业务程序、惯例等；三是管理平台类资本，这种资本主要为企业内部知识的使用、传递和创造等提供环境上的支持，如企业的规章制度、组织结构以及企业文化等。

市场资本主要是企业在外的信誉机制的表现，一般在经营过程中建立起来的，包含社会责任、商誉、名望、品牌价值等内容。市场资本是企业在经营中创造的智力成果的物化程度，纵观企业发展历程，市场资本已经为企业带来非常丰厚的回报。

关系资本是针对企业所处的环境而言，企业在经营时，比如要面对很多环境因素，而且必须要处理好彼此之间的关系才赢得良好的发展环境，尽管社会体制不同，企业一样要面对如何处理与供应商、战略联盟、客户甚至媒体之间的关系，而且在中国传统文化背景下更具有国情特色。这关系到企业的生存和发展，如企业同行业协会、政府相关职能部门的关系处理等。当然，已经建立的关系及其积累的经验和技巧，也是企业关系资本不可缺少的一部分。

技术资本涉及的范围就相对更为广泛了，主要指那些能够直接转化为生产力的知识要素，本研究中把其分为两类：其一是知识产权类，如企业的版权、设计、商标、商业机密以及专利等；其二是非知识产权类，如企业积累的工艺革新、技术小发明、疑难问题的解决方案、各种小创造等，还有在专利的申请中，目前还没有授予专利权的那部分知识或发明，应该说它们的价值与知识产权一样重要，在企业的经营中发挥着重要的作用。

3.4.2.2 企业知识资本的价值评价

由上面的分析可以得知，企业的知识资本主要由五个维度所组成，即人力资本、管理资本、市场资本、技术资本以及关系资本，企业知识资本的价值自然也是上面几个方面的综合值，当然本章中尽管对企业知识资本仅仅是以上几项的价值和，但是企业知识资本的价值，由于这五个因素的协同作用而超过简单的数量和。

（1）企业人力资本是指企业全部员工在知识经济社会中，企业生产运行的过程中所积累起来的能为企业获得竞争优势、使企业能够持续发展的员工个体人力资本的总和，企业组织所拥有的人力资本价值构成是：

$$Vehuman = \lambda \sum_{i}^{n} Vph_i + Vc + Ve \tag{3.1}$$

其中：

λ——企业中人力资本协同系数；

Vph_i——企业组织所拥有的单个人力资本价值；

$\sum_{i}^{n} Vph_i$——企业中 n 个员工的人力资本价值的总和；

Vc——企业招聘和培训员工所投入的所有成本，含物质、货币、无形等资本的价值；

Ve——企业付出额外投资部分，目的是为了留住核心技术人员和高级管理人员。

值得一提的是，归属于企业的 n 个员工的人力资本的代数和，并不一定是该企业人力资本价值的总和，每个人力资本拥有者，也就是每个员工，均有其自身的专业背景和特点。同时企业的环境因素，类如组织结构、企业文化、激励制度等因素，都会对企业人力资本的整体效率发挥产生影响，在本书中，其影响的程度用协同系数 λ 来表示，λ 有可能大于1，也有可能小于1。

在知识经济社会中，人力资本是第一生产要素，企业要想赢得竞争优势，取决于其实际掌握的人力资本的质量和数量，以及运用该人力资本的能力和效率。一般意义上来讲，人力资本反映的是劳动力素质或能力的差别，其质量和数量的提高可以促使企业的效率提高和产出的增长。

（2）对于管理资本，在管理企业的运行、企业的持续发展起着至关重要的作用，根据管理资本的各种特点，将其分为信息平台、流程以及管理平台三类，故管理资本可为这三类之和，即：

$$Vemanagement = Vei + Vep + Vea \tag{3.2}$$

其中：

Vei——信息系统、企业网络系统的使用效率；

Vep——企业的各种业务流程、程序和惯例等指标值，这类结构资本能降低沟通协调成本；

Vea——企业文化、组织结构和制度规范的综合值。

（3）对于市场资本，由客户数据库、企业的声誉及形象、品牌以及营销渠道等方面组成，而这些因素决定着企业能否为市场所接受，因而企业声誉资本可以计为这几种价值之和，即：

$$Vemarket = Ved + Veb + Vec \qquad (3.3)$$

其中：

Ved——企业客户数据库评价值；

Veb——企业的品牌和声誉；

Vec——企业的销售渠道的有效性程度。

（4）对于企业关系资本，可表述为：

$$Verelation = Vecustomer + Vemedia + Vecomp + Vegovern \qquad (3.4)$$

其中后面四项分别表示企业与客户、企业与媒体、企业与竞争者以及企业与相关政府部门、行业协会之间的关系。

（5）对于企业的技术资本，在上一节的分析中分为两类：一是知识产权类；二是非知识产权类。企业组织的知识产权资本包含着如企业的商标、商誉等无形资本，通常会使企业获取超常的利润；同时还有专利、版权等表征着企业知识资本富裕程度的无形资产。知识产权对于企业来说是企业实现知识资本投资回报的一种法律保护形式。按照投入产出理论，组织所拥有的知识产权价值量的大小与组织本身投入的大小有很大的相关性，具体有以下几项。

第一，组织所有的知识成果多是通过一定投入，从其他人或组织购买的，那么购买付出的成本就是组织拥有的知识产权的价值。

第二，企业出资一部分，另外拥有某项知识产权的人或企业以该项知识产权代替出资，共同组成新的企业，这种方法所获得知识产权资本不能完全归投资一方的企业所拥有，企业也只能按照出资比例分享知识产权资本带来的利润。

第三，如果知识成果是属于企业内部组织开发获得的，毫无疑问，这应该属于本企业的知识产权资本，即使某项知识成果是与其他企业联合研发的，出于知识成果运用的完整性考虑，无论企业投入的比例多少，该项成果的全部价值就应该计为企业的一项知识产权资本。这样，该企业知识产权的价值可以表述为：

Vek——企业拥有的各项知识产权类资本的综合，包含专利、商标、版权、商业秘密及设计和制造权等。

企业拥有的各项知识产权资本的内容主要包含商业机密、商标、制造权、专利和版权等。企业中技术资本中的非知识产权包含的内容更为广泛，如疑难问题的解决方案、小创造、小发明、正在准备申请专利的技术、工艺的革新以及不在法律保护范围之内的那部分知识等，可以表述为 Vet。因而企业的技术资本可以用知识产权类和非知识产权类之和来描述。即：

$$Vetech = Vek + Vet \qquad (3.5)$$

企业知识资本的总价值，同样并不是各个组成部分简单的代数和，知识资本结构的各个组成部分虽然各成系统，但并不是完全独立，各个部分之间存在着价值实现的相互制约性，知识资本的几个组成部分在价值实现过程中相互影响和制约，缺失任何一部分，都会影响知识资本整体价值的实现，使价值实现的链条受到影响甚至中断，如果个部分协同程度合理，便能发挥知识资本较高的效益，因而企业知识资本可以用以下公式表示：

$$Ve = f(Vehuman，Vemanagement，Vemarket，Verelation，Vetech） \qquad (3.6)$$

即各组成部分与知识资本总价值存在着一定的函数关系。

3.4.3 个人、企业及区域知识资本之间的隶属、联结分析

从区域知识资本的内涵及概念、个人知识资本以及企业知识资本的组成分析可以得知，从个人到企业再到区域，是一个层层递进的关系。这包含着两层意思：首先，从知识资本的主体上来看，后者包含着前者，区域知识资本的主体有个人、企业以及政府等，等同于若干主体组合的一个虚拟主体，企业知识资本的主体则包含个人和企业层面；其次，从知识资本的内容来看，也是后者包含前者，但是并不仅仅是简单的个人、企业所含的知识资本之和。区域知识资本的组成内容有着一定的联结方式，也就是说个人与个人、个人与企业、企业与企业，甚至这两者与政府部门之间，都存在着两两关系，这些关系影响着

区域知识资本发挥的效率。

3.5　本章小结

　　本章在分析知识资本内涵的基础上，首先，对区域知识资本进行定义，并对其特点以及它与无形资产、智力资本和人力资本之间的内涵差异进行了分析。区域知识资本是指一定区域范围内动态存在的具有价值创造功能的知识或能力，其表现形式具有多元性。为了研究对象、范围的明确性，笔者对当前文献中出现的知识资本与无形资产、智力资本以及人力资本等概念之间的差别进行了阐述。从范畴上来考虑，人力资本属于智力资本范围内，智力资本属于知识资本范围内，知识资本则属于无形资产的范围之内。总结了区域知识资本的六大特征，即区域知识资本的地域性和主体多元性、知识资本的排他性和共享性共存、区域知识资本投资时间的滞后性和时效性、区域知识资本的无形性和依附性、区域知识资本价值转化的不确定性和投入弹性、区域知识资本各结构价值实现的相互制约性和综合集成性等。

　　其次，进一步分析了区域知识资本形成过程的阶段性以及在这个过程中，所需的社会条件、市场条件、技术条件以及法律制度条件等。同时在知识转化为资本，对尚需必需的保障机制和措施进行了较为详细的阐述，接着对区域知识资本的组成进行了分析，提出了区域知识资本由内容与结构两大因素构成，前者包括区域人力资本、区域技术创新资本两个维度，后者包括声誉资本、流程资本和制度资本三个维度，这也是知识资本表现形式多元的特征，并对这五个维度的概念进行分析，同时定性研究了不同维度之间的关系。

　　最后，对个人知识资本、企业知识资本所蕴含的内容进行了分析，同时分析了这两者与区域知识资本之间的关系，并且认为这三者之间并不是简单的前者隶属于后者的关系，区域知识资本还包括个人与个人之间、个人与企业之间、企业与企业之间，甚至这两者与相关政府部门之间的联结方式，使得区域知识资本的效用不仅仅是前两者效用的代数和。

第4章 区域知识资本测量及其结构模型实证分析

本章主要在文献研究的基础上，设定了区域知识资本中人力资本、技术创新能力、声誉资本、流程资本以及制度资本五个维度的测量指标，根据统计年鉴的数据，利用主成分分析的方法，对我国每个省市的知识资本进行测算，并对每个维度值、综合值在不同省份之间进行比较；同时利用计算的数值，结合结构方程模型，通过验证性分析来检验区域知识资本所含维度及测度指标的有效性；并且通过模型设定探索，探讨区域知识资本五个维度之间的关系，进一步对本书假设一（本书第1章1.3节）进行验证。

4.1 我国区域知识资本的测度指标构建及计量

4.1.1 区域人力资本计量

大量研究表明，人力资本对社会经济发展的影响是全方位的，大多数学者从不同的视角进行了探讨。吴建伟指出，作为一种基本要素，人力资本的结构以及数量对出口的变动起着决定性作用；蔡昉、赖明永以及沈坤荣的研究表明，地区人力资本的高低与吸引外资的能力以及外商投资区位的选择有着直接的关系；还有学者认为面对"农业、农村、农民"问题，农村人力资本的积累无疑是一种重要的选择策略；同时还有学者实证分析得出人力资本的比例与国家的税收的增减的相关性非常显著；国外有研究者得出的结论认为，人力资本的高低、积累的丰富程度，影响着一个国家的城市化速度（Curtis J. Sinon、Clard）。

另外，人力资本对于经济增长的影响研究在目前的学术界非常之多，研究角度不一样，但结论基本一致，也就是在经济发展的进程中，人力资本起着基本、重要的作用。陆跟尧在其进行实证分析中得出，人力资本对我国东部经济增长的贡献率介于 21%～23%，知识的外溢导致的技术进步、人力资本已经和古典经济理论中的资本和劳动对经济增长的基本相同。部分学者如王金莹通过建模，分析 GDP 和人力资本投入、固定资产投入之间的关系，利用改革开放以来相关数据，得出结论认为，由于中国在健康和教育方面的投入，稳步提升人力资本积累，从而使经济总量得到快速的增长。沈利生等利用 20 世纪 80 年代和 90 年代的数据对教育经费增长和国内生产总值的增长之间的关系进行实证分析，得出了教育经费增长 1 个百分点，国内生产总值便增加 0.1 个百分点这样的结论，同样也提出中国要实现快速经济增长，人力资本的投入必不可少。

众多的研究表明人力资本在社会发展、经济进步中起到越来越重要的作用，因而其投资和积累将被进一步重视。怎样保证一个国家或地区人力资本积累不逐步衰减、流失甚至老化，同时通过怎样的手段、方式进行投入，使人力资本总量进一步增加、再生新的人力资本，已经显得非常重要和迫切，其重要性比物质资本的增值和保值显得更为关键。但有效管理人力资本的基础在于对其的测量和评估的正确性。施祖辉认为，人力资本投资及管理除了经济水平等因素外，建立一个比较完善、合适的人力资本计量方法是非常重要的方面，如果没有对人力资本的流动状况、存量等进行有效监测，就会使人力资本相关的量化、测度等始终处于一个未知的状态，也就谈不上利用有效的方式获得与人力资本相关的重要信息[1]。因此，如何对人力资本建立测量体系，并进行正确的测算的重要性非常突出。

4.1.1.1　人力资本水平的计量体系现状

人力资本的估算通常与其定义及对测算结果的应用密切相关。目前关于人力资本的计量，不论其主体是个人、企业或者地区，甚至国家层面，基本上从

---

[1]　施祖辉. 国外学者关于人力资本测度方法的研究 [J]. 外国经济与管理，1998 (1).

两种角度来进行。

(1) 基于人力资本投资的角度。

舒尔茨认为，人力资本的投资就是一种消费，而这种消费就是政府或个人、家庭投入到教育、保健等方面的费用，同时职工或其他成年人放弃了工作而进行在职培训同样属于这种消费。他把人力资本投资分为五大类，分别是医疗保健、在职培训、正式脱产教育、公益部门提供的学习项目、为了变换就业机会的迁移等。这五大类里包含的内容比较多，比如医疗保健费用包括影响寿命、持久工作能力、精力旺盛等费用，在职培训包括旧式的师傅带徒弟形式，脱产教育含初等、中等和高等教育等。① 贝克尔则认为，人力资本投资是指为了增加人的资源并影响未来收入的投入，支出人力资本投资的多元性，如教育支出、医保支出、境内外劳动力的迁移支出等。②

在贝克尔和舒尔茨的基础上，根据实际情况，我国学者对人力资本投资的内涵做了许多研究和补充。王德劲（2006）把人力资本投资规整为不同等级的正规教育、在职学习的投入、提高身体健康程度的投入、父母在孩子身上花费的时间、劳动应聘和在不同地区的流动等积累活动。张帆从广义和狭义两个方面对人力资本投资进行划分，后者包括教育、卫生等，前者包括后者，同时还有儿童在接受中等教育以前的消费支出。谭永生（2000）引用了国外学者的观点，从人力资本的形成方式来追溯其投资的种类，比如各级不同类别的教育（家庭教育、正规学校教育、成人教育等）、工作中的研究与开发、不同类别的在职培训、医疗保健和营养（含由政府或企业提供的卫生服务等等）、居住条件的改善（对人的能力有影响）以及国内外劳动力的迁移等。

尽管不同学者在人力资本的投资分类上已经分析的很多，而且比较详细，但是，就一个地区或国家人力资本投资总量估算的统计很少，几乎没有。国外学者舒尔茨对美国19世纪初期导致中期人力资本的投资估算是从教育投入来进行，也算是最早的较为系统的一个估算实例。国内的学者主要运用名塞尔模型法在人力资本投资回报以及收益方面的研究居多，而专门进行投资水平研究的，尤其是实证方面的研究就较少了。比如王德劲（2006）对人力资本投资的不同方式的

---

① 西奥多·舒尔茨. 论人力资本投资 [M]. 北京：北京经济学院出版社，1992.
② 加利·贝克尔. 人力资本 [M]. 北京：北京大学出版社，1987.

成本收益做了相对较深的模型演绎和相关理论的分析，但没有实际的数据来支撑。同样，侯风云（2005）也只是关注投资主体、方式以及收益的变化对投资自身的影响，没有对中国人力资本投资水平作出计算。魏立萍则以预算内的教育投资来作为人力资本投资的额度，但是预算内的教育投资远远不能概括整个人力资本投资水平，它只是其中很小的一部分。此外，钱雪亚等学者对中国部分省份在 1995～2001 年期间的人力资本投资水平做了估算，主要从绝对水平、相对水平以及结构特征等来进行，但使用的方法与谭永生并没有实质上的区别。

相对而言，王艳（Yan WANG）和孙景蔚的分析比较具有一定的系统性。前者的估算与舒尔茨有点殊途同归，也就是王艳把人力资本投资成本归为直接和间接的教育成本，直接成本来自中央和地方的财政支出、公司的、学校的教育经费以及家庭的教育支出；间接的成本则按照就业的机会成本来计算。当然有一个前提，也就是义务教育得到贯彻，九年制义务教育期间不参加工作。机会成本则按照毕业生不同的毕业层次首次参加工作时的薪水水平来计算。

孙景蔚（2005）用教育经费支出和卫生固定资产投资、卫生事业费等方面来计算人力资本投资总额。前者为直接成本，以初中以上的学生为对象，以在校学生数和社会平均工资的乘积作为学生放弃的收入，也就是学生的机会成本作为教育投资总额度；后者则是以统计年鉴上的卫生事业费、卫生固定资产投资和医疗费用。这两者的和即为累计年度的人力资本投资总额。

（2）基于人力资本存量的角度。

人力资本存量的多少，来自人力资本投资而形成的积累。对人力资本投资的认识，逐渐被广为接受，但对于人力资本的积累，大部分学者有不同的理解。只是有一点的看法基本一致，就是人力资本的形成方式和表现形式是通过投资形成的，体现为劳动者的知识和技能。对于健康等其他因素是否属于人力资本范畴存在较大的争议，最终体现为人力资本存量计量时范围和对象的确定的争议。而且，即使对有争议的内容（范围和对象）不加以考虑，仅仅对知识和技能进行考察，在这样的情况下，人力资本存量的水平测算依然比较复杂。虽然收入分配、经济增长、社会进步等方方面面的因素与人力资本相关的实证研究中，人力资本存量作为一个重要变量，其计量问题被屡屡提及，但到目前为止，关于这方面的专题研究，无论方法还是实证，能被学术界普遍接受的很少。

目前人力资本存量的计量方法也可以分成三个方面，即基于未来收益法、累计成本法以及非价值计量方法。

未来收益法是指人力资本在未来可能获得的收益量作为人力资本在目前阶段的价值多少的标志。其理论依据是具有一定人力资本的人，他未来的收益取决于这种人力资本量的大小，而人力资本的综合价值就是可以预见的未来每年收入的总和。

未来收益法的思想最早来源于佩蒂（Petty W.）对自然灾害、战争等不可抗拒的因素对英国综合实力产生多大的影响进行估算得来。他粗略估算那个时期英国总的国民收入和财产收入，然后对这两者的差，用相应的利率进行贴现，作为该时期人力资本的总和，由此得到了该时间点上人力资本总值为5200万英镑。不过这种估算是非常的简单和粗糙。后来，达格姆和斯图特耶（Dagum C. and Slottje D. J.）（2000）在结合以往对人力资本存量研究的基础上，对未来收益法进行改进和完善，从宏观和微观和微观两个方面来进行分析。从微观上，他们将人力资本作为一个潜在变量估算，宏观上则以个体经济主体平均人力资本为对象，在两者结合的基础上估算某一特定时间点的人力资本存量总量。具体的思路和过程如图4.1所示。

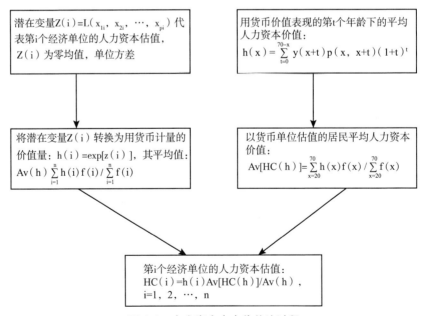

图4.1 人力资本未来收益法过程

其中，x_1，x_2，…，x_p 为标准化的变量，其将影响 Z 的大小，f(i)、f(x) 是它们的权数，y(x+t) 是年龄为 x 的经济主体在 t 年后的平均收入，P(x，x + t) 是年龄为 x 的人活到（x + t）岁的概率，r 是贴现率。然后根据这样的想法，他们利用一个较大的样本，同时假设劳动生产率增长为零这样的前提下，对 1983 年美国每户平均的人力资本的货币价值进行了估算。

另一个方法是累计成本法，前文中提到人力资本的积累需要投入，累计成本法就是通过对累计投入的量的确定为依据，作为人力资本的当前价值。理论依据是人力资本产出等于其拥有者相关支出或费用的总和。前提条件是人类获取的知识和技能的多少（大小）主要取决于为之投入的花费。

恩格尔（Engle E.）首先提出该思路，并且运用该方法来对人力资本价值进行测度。恩格尔将全体人口划分为高、中、低等若干个层次，同时假定每个阶层的成员出生时的成本为 c_i，其每年新增的成本或费用为 c_iq_i，同时假设一个人到 26 岁时已经完全具备多方面的技能，这样一个年龄为 x 的人的人力资本为：

$$C_i = c_i(1 + x + q_i(1 + x)/2) \qquad (x \leqslant 26)$$

很明显，他的方法是非常的简略，这个公式中对公共教育、医疗、公共卫生等社会成本以及个体周围环境、背景等因素没有考虑进去，存在着明显的不足。在其基础上，马克卢普（Machlup F.，1962）、诺德豪斯（Nordhaus J.，1972）、艾斯纳、肯德里克（Eisner，Kendrick J. W, 1976，1994）等一些学者在他们的相关研究中或多或少、直接或间接的应用了这一方法。其中肯德里克的相关研究是具有一定的典型性。他分别在其著作《资本和存量》和《资本和经济增长》中，按照成本累计法估算了 1929 ~ 1969 年、1929 ~ 1990 年美国各类投资资本和存量，同时他将成本累计的范围进一步改进，从有形人力资本和无形人力资本出发，前者是抚养费用，后者则是教育、培训、保健和迁移等。

我国学者张帆（2004）、周天勇（1994）以及沈利生、朱运法（1999）等在肯德里克的基础上进行了进一步的研究。如张帆将所有资本分为物质资本、狭义人力资本（与肯德里克无形人力资本一致）、广义人力资本以及其他资本，并根据分类细目，估算了一些特定年代的狭义人资本水平（见文献 [136]）。王德劲，向蓉美等（2004）则根据国家财政对学校的基建和事业经费（再平均到每个学生）、家庭对教育的支出（平均值）来测算各年不同层次的学生的人力资本的投入水平，再根据投入水平来确定人力资本总量，他按小学（6 年）、中学（初中 3 年和高中 3 年）和大学（4 年）这几个层次设定，估算了不同时间点中国的人力资本存量。

人力资本的非价值量法主要是应用一些单项或多项指标间接地说明或描述人力资本存量的大小，如受教育年数、工作的年数以及健康指数等。其中用得最为广泛的是教育方面的指标，故也有学者称为教育存量法。教育存量法存在的假设是人力资本也就是通过接受各种教育形成的蕴藏在人身上的知识和技能。在众多的与人力资本相关的研究中，很多学者均采用了教育存量法来直接代替人力资本存量水平，当然使用的指标有很多，可以归纳为归为三类：一是以平均数形式反映人力资本存量的指标，即平均受教育程度（年数）。二是以相对数形式反映人力资本存量，如成人识字率、入学率、高等教育机构学生注册人数占同龄人口比重、人力资本指数等。三是以绝对数形式反映人力资本存量，其主要指标是受教育年数总和。

结合上述分析可以得出这样的结论，即人力资本存量水平计量方法很多，被普遍接受的至少目前还没有，同时计算的理论依据由于研究的角度或出发点不同而存在着显著的差异，这说明计量方法还需要进一步的研究。在众多的文献研究中，我们发现多数学者就人资本与经济的增长关系、人力资本与二次创新的关系、人力资本与吸引外资的能力、人力资本与扩大内需等做了深入的理论研究以及大量的实证分析，并且对于人力资本是经济、社会发展的持续动因这一点认识一致，并且从宏观上对人力资本的需求与经济增长目标相匹配而对其进行预测，但对于人力资本本身的存量研究，并没有足够的深入或展开。也就是说，尽管相关研究中也需要用到人力资本存量这一变量，但基本上沿用或借用其他的已有的方法，甚至直接是数据，对这些方法或数据的有效与否，在已有各自的研究中没有得到足够的重视，也没有进行充分的讨论。

4.1.1.2 区域人力资本水平的测度指标及其计量

从上面的分析可以看出，在以往大量的研究中，很难做到人力资本的投资变量和人力资本的存量统一到同一个模型中，或单一采用人力资本的投入考虑，如对一个区域来说，从教育经费投入的多少来反映区域的人力资本水平，或者单一用受教育年限、各级学校入学率等。在本研究中，为了处理这一问题，均采用了相对指标，从一个地区的接受教育水平及其年度教育投入、医疗卫生水平及其社会保障投入来综合说明人力资本的相对综合指标，基本的内涵来自舒尔茨的教育、健康水平来体现人力资本。教育水平包含教育经费投入、大专以上人口数量占本地区人口数的比率、每十万人口中在校大学生的数量以及本地区高中以上学历占总人口的比例四项，医疗卫生包含人均卫生事业费、人均拥有医生及病床数量以及医疗卫生人员中卫生技术人员数量、执业医师数量和注册护士数量等，具体见表 4.1。

表 4.1　　　　　　　　　区域人力资本综合指数的测度指标

区域人力资本维度	区域人力资本测度指标		说明
区域人力资本综合得分指标	教育水平 H_1	H_{11} 人均教育经费指数	指数值：地区的各项比重（或数量）/全国的该项比重（或数量）
		H_{12} 大专以上学历占本区域人口比重指数	
		H_{13} 每 10 万人在校大学生（大专、本科）数指数	
		H_{14} 高中学历以上人数占总人口比重	
	医疗卫生 H_2	H_{21} 地区人均卫生事业费指数	
		H_{22} 地区万人拥有医生数量指数	
		H_{23} 地区万人拥有病床数指数	
		H_{24} 地区医疗人员中卫生技术人员比率指数	
		H_{25} 地区医疗人员中执业（助理）医师比率	
		H_{26} 地区医疗人员中注册护士比率	
	社会保障 H_3	H_{31} 地区人均社会保障补助支出指数	
		H_{32} 地区人均抚恤和社会救济费用支出指数	

为了测得各项指标，本研究采取以下几个步骤：第一，利用 2008 年中国统计年鉴以及当年度各省（区、市）的统计年鉴、科技年鉴、出版年鉴等的数据，计算出各省（区、市）的单项指标 H_{1i}、H_{2i} 和 H_{3i}，分别表示教育水平、医疗卫生和社会保障三个维度，用 G_{1i}、G_{2i} 和 G_{3i} 表示在全国水平上的相对应的指标，用 H_{1i}/G_{1i}、H_{2i}/G_{2i} 和 H_{3i}/G_{3i} 表示各项测度指标的得分指数，这几项为相对得分，按照这种计算方式，可以得到全国各省（区、市）的对应指标的相对

得分，从而评测各项指标在省（区、市）间的相对高低情况，这样计算所得的指数可以很直观地看到某一个省市与全国水平的差距，附录表 1、附录表 2 分别为 2007 年度全国 31 个省（区、市，不包括港澳台）的各项指标得分情况。

一般来说，人力资本的综合指标才能真正反映一个地区的人力资本水平。它不仅包括人力资本的本期投资情况，同时还包括人力资本的存量情况、非价值量指标等。大量的研究表明，这两个因素对于经济的增长多起着不可忽视的作用，而且在大量的文献中分别得到了应用，如果进行综合，权数如何确定？不同的量纲如何进行综合计算？这些都是必须考虑的问题。

对这些问题的处理，在本书中采用主成分分析方法和 Z-score 标准化来处理。主成分分析法在很多领域里得到了应用，尤其在心理学、管理学、经济学和社会学等领域，它的作用是从很多变量中，找出部分变量之间的共同特性，把这部分变量通过线性相关分析，用一个综合变量来表示，而组成的几个综合变量能够反映原始变量中的大部分信息（一般要 65% 以上）。因此，采用主成分分析，从众多人力资本相对指标中，应用统计软件分析，寻找出相对较少相互独立的综合变量（即公因子），来反映人力资本中较多的、关联性较大的观测指标，除避免共线性、齐方差性等外，还能降低计算维度，同时保持较少的信息损失，从而便于计量，更为重要的是利用主成分分析方法可以避免权数认定的主观性（如层次分析法等）。

假定人力资本个因素的因子模型表示成线性函数：

$$\begin{cases} V_1 = \partial_{11}F_1 + \partial_{12}F_2 + \cdots + \partial_{1k}F_k + \varepsilon_1 \\ V_2 = \partial_{21}F_1 + \partial_{22}F_2 + \cdots + \partial_{2k}F_k + \varepsilon_2 \\ \qquad\qquad\qquad \vdots \\ V_i = \partial_{i1}F_1 + \partial_{i2}F_2 + \cdots + \partial_{ik}F_k + \varepsilon_i \end{cases} \qquad (4.1)$$

表 4.2　　　　　　　　　人力资本指标的主成分分析结果

人力资本指标	抽取的公因子及其荷载		
	F_1	F_2	F_3
大专以上学历占本区域人口比重指数 H_{12}	0.927		
每 10 万人在校大学生数指数 H_{13}	0.828		

续表

人力资本指标	抽取的公因子及其荷载		
	F_1	F_2	F_3
高中以上学历人数占总人口比重 H_{14}	0.752		
万人拥有医生数量指数 H_{22}	0.930		
万人拥有病床数指数 H_{23}	0.897		
人均教育经费指数 H_{11}		0.903	
人均卫生事业费指数 H_{21}		0.909	
人均社会保障补助支出指数 H_{31}		0.645	
人均抚恤和社会救济费用支出指数 H_{32}		0.909	
医疗人员中卫生技术人员比率 H_{24}			0.882
医疗人员中执业（助理）医师比率 H_{25}			0.666
医疗人员中注册护士比率 H_{26}			0.501

注：表中 F_1、F_2、F_3 的方差解释率分别为 35.430%、29.470% 和 14.128%。

其中，F_1，F_2，…，F_k 代表 K 个变量，作为为在全部的 V_i 观测变量中提取出来的公共变量，一般称为公因子；而 ∂_{ik} 则表示第 i 个观测因子（原始变量）在第 k 个公因子上的载荷的大小。ε_i 则表明在第 i 个观测变量中损失的信息，作为分析的随机误差，并且通常假定 ε_i 服从标准正态分布。

样本数据能否应用主成分分析，必须要经过检验，一般来讲，用通过 KMO 检验来判断针对这些数据是否可以应用主成分分析，KMO 值要在 0.65 以上。在本研究的人力资本众多因素构成的大样本数据进行检验，发现 KMO 值为 0.762，适合做主成分分析。同时利用 Bartlett's 球形检验方法来进一步检验，结果也是显著的，χ^2 值为 362.521（自由度为 66），这说明有相关的公因素存在，可以应用该方法。提取的公因子采用其特征值大于 1 的方式，本研究中的数据分析后，特征值大于 1 的有 3 个，因此确定样本公因子的个数为 3，并且这些公因子的累计解释方差达到 79.028%，满足了分析要求，具有代表性。具体见表 4.2。

每个公因子的权重采取以下方式，即 F_n =（因子方差贡献率/总累计方差贡献率）×100%，从而得到人力资本的综合指标：

$$F = 0.448 \cdot F_1 + 0.373 \cdot F_2 + 0.179 \cdot F_3 \tag{4.2}$$

利用得到的权重，同时对附表1、附表2的数据进行标准化，经计算后各地区人力资本的综合得分如表4.3所示。

表 4.3　　　　　　　2008 年各省市（区、市）人力资本综合得分

地区	人力资本综合得分	地区	人力资本综合得分	地区	人力资本综合得分	地区	人力资本综合得分
北京	5.57145	上海	4.28985	湖北	0.03802	云南	−0.66186
天津	4.29912	江苏	2.96061	湖南	−0.56063	西藏	0.07602
河北	1.76822	浙江	3.63262	广东	1.21725	陕西	0.39246
山西	0.71983	安徽	−0.73215	广西	−0.10448	甘肃	0.11758
内蒙古	0.00728	福建	1.61131	海南	−0.75656	青海	−1.88867
辽宁	1.28015	江西	−0.80672	重庆	0.92886	宁夏	0.27536
吉林	1.04081	山东	1.25945	四川	1.02737	新疆	−1.1414
黑龙江	0.86624	河南	−0.3379	贵州	−0.35338		

由表4.3可以得知，京、沪、江、浙以及天津在人力资本方面有着明显的优势，人力资本指数靠后的则是安徽省、江西省和湖南省等中部省份，以及青海省、云南省和新疆维吾尔自治区等西部省区；东部省份中，经济较为发达的几个省份如山东、吉林、广东等人力资本的排名并不靠前，分别处于第10~13位，对照一下测量数据，发现高中以上人口比例、人均社会保障补助、人均抚恤和救济这几个指标要明显靠后，这说明目前这些省份的社会保障等与经济发展的要求不相符合；同时在每万人拥有的医生数量上，这三个省份相对更为靠后（分别为第19位、20位、24位，甚至低于平均水平）。这三个地区在卫生医疗、健康保障等方面的投入与社会发展、经济增长方面不相称，经济社会的快速发展，势必带来较大的竞争压力，这样的投入自然不能保证人力资本的健康需求，从而使人力资本综合测评处于靠后的名次。从区域层次来分析，我国不同省份在教育水平、医疗保健方面的发展非常之不平衡，从表4.3可以看出，处于平均水平之上，也就是正值的有19个省份，有12个地区为负值，有些负值还非常大（绝对值）。与之相反，四川、宁夏、西藏自治区等西部省份的排

名靠前，领先于其经济发展水平，说明这些地区经济发展的潜力非常好。

4.1.2　区域技术创新能力评价

4.1.2.1　技术创新

对于技术创新的研究始于美籍奥地利经济学家熊彼特，他于 1912 年在其名著《经济发展理论》中首次提出创新的概念。按照熊彼特的观点，创新就是生产函数的建立。而技术由给定的外部条件内在化为生产要素，并在支配其他诸生产要素的基础上，建立新的生产函数，这属于技术创新。因此，创新包括技术创新与组织管理上的创新，因为两者均可导致生产函数或供应函数的变化。

此后，许多经济学家的"技术创新"概念，大多是根据熊彼特的观点发展起来的。比如索洛对技术创新理论重新进行研究后认为，技术创新成立必须有两个条件，即新思想来源及其实现和发展。这一观点被认为是界定技术创新概念的突破，但实际上与熊彼特的观点也是一致的，只是更强调了新思想的来源和实践。曼斯菲尔德把创新定义为一项发明第一次应用，他的定义被人们广泛采用，但是他的技术创新概念侧重于产品创新。弗里曼是技术创新研究的著名学者，其特点是从经济学的角度，把技术创新限定在规范化的创新过程。他提出技术创新是一个全过程的创新，不仅仅局限于技术领域，在生产过程中的制造工艺改进、在产品的销售过程中进行营销手段的改进来扩大销售额等均是技术创新的不同部分。弗里曼在他的其他著作中进一步分析认为，技术创新是一个从新产品的开发、研制新工艺、生产新系统、销售和客服的一个过程。这一概念中如果把新过程理解为新工艺，把新系统理解为新的组织管理，可以发现其概念与熊彼特的观点非常接近。缪尔塞在 20 世纪 80 年代中期提出技术创新是一个全面但非连续的过程。

代表了西方学者技术创新理论的研究成果和水平的关于技术创新的定义是美国国会图书馆研究部的研究成果。该研究部认为，技术创新是一个开发新产品或者新的生产工艺到最终在市场上进行扩散的过程，新产品和新的生产工艺满足了市场新的需要，对提高社会生产率有明显的促进，它应该是技术、商业和经济一体化的过程，也就是说技术创新必须强调市场成功，否则就不是技术创新。

我国学者傅家骥认为，对技术创新的理解不能太过狭窄，对技术变动的强度和大小不应当限定，对技术在市场上取得成功的界定也应当有一个较宽的幅度。他认为企业家为抓住潜在的市场商机，通过技术创新来获取盈利，期间建立一个系统性的经营方式，对生产要素重新组织，并创造相应的客观条件，使该经营系统效率更高、竞争性更强、成本更低，以此推出新产品、技术提升、业务重组、流程改造、开辟新市场，成立或改组建立新的组织，因而它是一个集科技、工艺、组织、市场等一系列活动的组合过程。[①] 这是一个较宽泛的概念，似乎又回到了熊彼特创新概念上了，他将西方学者认为不属于技术创新的组织创新也纳入其中，而且也包括了渐进性的增量改进。

国内其他一些学者也提出了类似的技术创新观点，如柳卸林等认为技术创新应该是一个知识的产生、迁移溢出效应的体现、扩散应用的过程，包含了新的理念、思想产生和在此基础上新产品的研制、开发生产并在市场上成功销售的一系列活动。为了推动和规范我国的技术创新，国务院相关部门对此作出了定义，认为技术创新是一个应用新知识、新工艺的过程，并且采用新的组织方式、经营模式，提高产品质的因素、开发出符合市场需求的新产品和新服务，最终实现其本身的社会、经济价值。企业是技术创新的主体。技术创新是发展高科技、实现产业化的重要前提。这一概念吸取了中外学者关于技术创新的思想，内容包括产品创新、工艺创新、市场创新以及组织管理与服务创新。但是将组织经营及管理模式作为技术创新之一，则意味着其发生的费用也应该统计在技术创新的相关费用之中，那么大量的企业体制改革和组织结构变动的成本也将计入技术创新成本，很显然事实并非如此。从国家对技术创新的经费资助、税收优惠等政策内容来看，组织结构变动、经营管理模式转变等并没有被列入。因此，这种表述可能是国家为了提高技术创新的能力给予鼓励的，但并非技术创新本身，因此从定义而言不应该列入其中。

技术创新费用是主要技术创新活动的费用之和，它在很大程度上反映出技术创新的范围。OECD把主要的技术创新活动的费用分为五类：①内部研究开

---

① 傅家骥. 技术创新学 [M]. 北京：北京大学出版社，2001：12.

发费用，包括企业内部的总的研究开发费用。②外部研究开发费用，是指企业对获取外部研究开发服务所支付的费用。③获取无形技术的费用，是指购买专利或非专利发明、许可证、技术诀窍、商标、设计、样品和含有技术成分的服务等费用。④工具准备、工业工程和投入制造的费用。⑤新产品的销售费，包括前期市场调查、试销、使产品适合不同的市场以及推出广告的费用。从上述创新活动的费用来看，技术创新除了我们熟悉的研究经费外，还包括其他许多费用，范围很广，但是，组织经营模式变革的成本并不计入。

由此可见，技术创新是一个复杂的概念，从开始提出至今已有 80 多年的时间，但迄今为止，尚未形成一个严格的、统一的定义。尽管国内外学者对技术创新定义的界定存在分歧，但也已经取得一些共识，认为技术创新首先是融经济与技术于一体的复杂过程，有着广阔的外延，它强调生产技术和生产方法的变革在经济发展过程中的重大作用，其次是创造性活动中整体创新设想的提出和确认、技术开发、技术成果在市场上有效应用等的一系列过程。其中的任何一项活动或环节并不是完整意义上的创新，其核心是技术的有效应用，即技术成果的转化技术要素同其他要素的结合。

4.1.2.2　区域技术创新能力

通过以上对国内外关于技术创新理论的回顾，可以看出，技术创新是一个复杂的概念和现象，随着实际经济生活中技术创新活动的发展，其内涵还在不断深化。而技术创新能力主要在于技术创新的速度、质量、数量上的体现。区域技术创新能力是指，特定区域运用多种手段合理有效配置科技人力、信息、技术和资金等资源，运用技术基础设施，通过不同层次的技术创新活动以促进经济和社会发展的能力。实际上我们从该定义可以看出，区域技术创新能力绝非该区域范围内企业技术创新能力的简单加总。在市场经济条件下，技术创新能力主要体现为市场机会与技术机会的结合能力以及全新商机的创造能力。

特定区域利用多种手段合理有效配置各种与技术创新有关资源的能力，恰好类似于一个单个的主体，利用自己所拥有的经验、知识有效地进行解决问题的能力，是一种隐性的知识资本。对于特定的地区，多种方式合理的利用使得资源利用效率最高同样也是一个地区所特有的"能力"，一种特有的资本。

4.1.2.3 区域技术创新能力的测度指标及其计量

区域内创新的主体包含政府相关部门、企业、高校和研究机构以及金融机构、科研中介等相关实体，区域技术创新能力则是这几个主体在充分发挥其积极创新的主观能动性的基础上，对创新资源进行系统配置，挖掘新思想、设计新产品、开发新工艺、提供新服务的一种综合的协调创新能力，从而提升区域的社会、经济竞争力。区域技术创新能力不是一蹴而就的，其形成是一个逐渐形成并不断提升的过程，随着不同主体的创新能力的提高，区域整体的创新能力也在发展，因而是一个演进的过程。

当前阶段国内对于区域技术创新能力测度的研究并不多，并且这些研究中由于角度不一样，测度指标有较大的差异。我国学者殷尹、梁梁就如何对区域技术创新能力进行短期评价进行了分析，从理论上构建了相应的指标体系，包含技术、环境和经济这几个大因素，并在不同的因素下进行了指标细分，但并没有就其体系进行实证分析。同样，陈艳艳（2006）也建立了相关的指标体系，采用了因子分析方法，结合经济发展水平、区域技术投入产出等几个方面及其细化指标，对区域创新能力进行评估，但是对这几个方面的内在联系没有作出分析。唐小我、邵云飞（2005）从技术创新的投入、产出以及关联因素等三个方面出发，用统计学相关方法对区域技术创新能力进行分析，利用主成分分析得出四个公因子，但未对其内容进行逐一解释。任胜钢，彭建华（2007）则从区域创新的主体、创新的环境等两个角度来测算区域技术创新能力，创新主体包括大学、科研机构、企业及其相互联系；创新环境是外部条件，包括基础设施、需求状况、金融环境、劳动力素质、开放与集聚性等。国外比较接近的定量评价研究是迈克尔·弗里奇（Michael Fritsch，2001）运用知识生产函数方法测量和比较了 11 个欧洲区域创新系统的质量；玛利亚（Maria，2001）分析比较了对创新和集群政策评估的不同方法的差异，发现其中的共同点是都着重创新过程中的相互作用，为此他将参与性评价方法（participatory evaluation）引入创新系统。

一个区域技术创新能力的发展是基于区域创新投入的多少，同时利用区域内的创新环境，通过提升区域创新产出，来最终形成的。因而本研究在以往研究的基础上，构建测度指标体系。分别从区域技术创新的投入、产出和环境这几个方面来进行，并且在几个方面进一步划分相应的指标。对于技术创新的投入，目前文献研究指标众多，没有突出重点要素，达不到预期的目标。本研究把区域技术创新能力的投入指标分为人力方面的投入和经费方面的投入两个方面，前者包括从事研发工作的科技人员数、每万人中科学家和工程师数、R&D全时总当量计数以及国有企事业单位专业技术人员数；后者则包括地区 R&D经费内部支出额以及 R&D 经费占 GDP 的比例共两项，这样可以同时在指标体系中明确政府部门、企业以及金融等相关主体对创新的投入。区域技术技术创新产出从五个方面来进行分析，首先是产出指标，本研究从 SCI、EI 以及 ISTP收录的国际科技论文数、专利申请、授权数量等来考虑，这些方面的内容可以反映某个区域内技术创新最直接的产出程度，而新产品的产值、区域技术市场的成交额可以表明市场效益和技术的扩散，是最终目标，因此把这两项也归类到产出这一大范围内。本研究中的技术创新环境是指对创新有利的支持性氛围，并且影响创新的产出和市场效益，而对创新不利的环境因素不予考虑，因此本研究把技术创新环境从两个方面进行分析，一个是科技教育环境；另一个是经济发展状况。前者包括区域高等院校数以及 R&D 机构数量、从业人员中、大专以上学历人数，这些数量或人数可以反映区域的科技发展潜力；后者则包含了若干反映经济发展水平的因素，如人均 GDP、产品出口额、外商投资额度（环境越好，外商投资吸引能力越强这是一个间接指标）。

在以上分析的基础上，本研究按照可操作性原则、客观性原则、可靠性原则，建立一级和二级指标体系，一级指标包括技术创新投入、技术创新产出、技术创新环境等三个类别；二级指标则围绕这三个一级指标进行划分，总共有18 个二级指标共同构成，具体见表 4.4。

表 4.4　　　　　　　　　　　技术创新能力测度指标

区域知识资本测度体系 I		
投入指标 I_1	产出指标 I_2	环境指标 I_3
科学家和工程师人数比例 I_{11}	专利申请量 I_{21}	从业人员中大专以上文化程度构成 I_{31}
国有企事业单位专业技术人员数比例 I_{12}	专利授权量 I_{22}	地区高校拥有数量 I_{32}

区域知识资本测度体系 I		
R&D 人员全时当量总计比例 I_{13}	发明专利申请量 I_{23}	R&D 机构数量 I_{33}
R&D 经费内部支出额比例 I_{14}	发明专利授权量 I_{24}	高技术产品出口额占总出口额比例 I_{34}
R&D 经费占 GDP 的比例比例 I_{15}	技术市场成交额 I_{25}	区域人均 GDP 大小 I_{35}
	国际科技论文数 I_{26}	外资直接投资额（亿美元）I_{36}
	大型工业企业新产品产值 I_{27}	

综合各个指标数据的方法依旧使用主成分分析的方法来进行降维以便计算，在因子分析前进行检验，以便该方法的适用性得到证实。数据是根据 2008 年全国统计年鉴、各省市统计年鉴、科技年鉴、出版年鉴等资料中查到的数据，并进行整理和计算，具体见附录表 3、附录表 4、附录表 5。

利用统计软件 SPSS15.0，进行 KMO 检验以及 Bartlett's Test of Sphericity，其中 KMO 值为 0.719，Bartlett 检验为显著（卡方值为 1251.748，自由度为 153，P 值为 0），故可以进行因子分析。分析后特征值大于 1 的有三个，故提取 3 个公因子 F_1、F_2 和 F_3，各自的特征贡献率为 41.147%、33.883% 和 17.927%，累计贡献率为 92.958%。经过因子方差最大法进行旋转以后，可以得到如表 4.5 所示荷载，取每个指标在三个因子的最大值，即可以解释方差的 92.958%。

表 4.5   **区域技术创新资本因子的荷载**

指标	F_1	F_2	F_3	指标	F_1	F_2	F_3
I_{34}	0.932			I_{26}		0.953	
I_{36}	0.929			I_{15}		0.950	
I_{21}	0.927			I_{25}		0.929	
I_{22}	0.919			I_{31}		0.924	
I_{27}	0.877			I_{24}		0.732	
I_{23}	0.822			I_{35}		0.722	
I_{13}	0.698			I_{12}			0.924

续表

指标	F_1	F_2	F_3	指标	F_1	F_2	F_3
I_{14}	0.694			I_{33}			0.870
I_{11}	0.681			I_{32}			0.847

根据公式 $a_i = \lambda_i / \sum_{i=1}^{p} \lambda_i$ ，计算各个因子的权重，即可以得到：

$$F = 0.442 \cdot F_1 + 0.364 \cdot F_2 + 0.193 \cdot F_3 \qquad (4.3)$$

最终计算各地区技术创新能力的得分指数如表4.6所示。

表4.6　　　　　　我国各省（区、市）技术创新能力得分指数

地区	综合指数得分	地区	综合指数得分	地区	综合指数得分
北京	11.66084	安徽	-1.82798	四川	-0.10381
天津	8.02413	福建	-0.74644	贵州	-3.75777
河北	-1.58455	江西	-2.48352	云南	-3.11019
山西	-2.0779	山东	4.48463	西藏	-4.90383
内蒙古	-3.03359	河南	-0.92226	陕西	-0.67293
辽宁	1.5459	湖北	0.0464	甘肃	-3.29452
吉林	-1.8056	湖南	-0.98179	青海	-4.27277
黑龙江	-1.21004	广东	6.11509	宁夏	-4.02946
上海	8.24806	广西	-2.97809	新疆	-3.37145
江苏	9.07809	海南	-3.98084		
浙江	5.52014	重庆	-2.57395		

由表4.6可以看出，在创新资本方面，北京具有显著优势，其次是江苏、上海、天津、浙江和广东，江苏的技术创新资本超过了直辖市上海和天津，这与江苏近几年外资的大力引进分不开。技术创新资本发展靠后的则是西部的青海、西藏、宁夏，以及东部的海南、中部的安徽等。相对于东部其他省市来看，海南和福建在创新资本上均滞后于各自的经济发展水平，都需要根据各自的特点和不足，加强科技投入，促进区域创新的发展，为经济的发展提供持续的动力，否则，这两个省份能否保持现有的经济增长速度值得怀疑。创新不

足，就意味着发展潜力不足，就不能为其经济发展提供保障和支持。在投入时必须根据各自的不足来逐步增加。比如福建，在该省的所有创新指标中，产出因素中的发明专利和投入因素中的创新人员这两个指标明显低于区域平均水平，因此，福建省应该重视创新人员的培养、引进和扶持，注意不能在培养的同时，忽视了人才流失的因素，同时还要着力提高科技的原创力等。中部地区的湖南省、湖北省以及西部地区的陕西省，分别位于第 13 名、14 名和 11 名，领先于经济的发展水平。分析其原因，发现这三个省份在研发投入以及科技人员数量上排名明显靠前，这是值得西部、中部其他省份学习并借鉴，从区域整体特征分析，综合得分较高的只有 8 个省份，均为东部地区（见表 4.6），说明地区之间存在较大差异，中西部省份普遍较为落后。

4.1.3 区域声誉资本的测度和计量

4.1.3.1 区域声誉资本的定义

何谓声誉资本？陈则孚等认为是个人、企业在社会中说获得声誉、名望、信誉度等，是社会对个人或企业的认可及评价，归属于企业或个人的知识资本的一个组成部分。它能够给企业或个人带来相对较为丰厚的经济利益回报，比如某知名企业，其品牌价值评估为多少，这是企业声誉资本外在物化的体现方式之一。良好的声誉，就会获得较高的信用等级，在融资、信贷方面获得优先权，哪怕没有相应的抵押，也可以获得较大的信贷额度。日常生活中我们往往会听到这样的说法，说到某一个著名企业的法人代表时，仅他的名字就能值多少资金的额度，这就是个人的声誉带来的外化效应。但这种声誉、信誉或名望并不是天上掉下来的，也不是什么人或金融界无条件赠予的，它来自不断持续投入的过程。在这个过程中，投资者逐渐建立起来的并最终成为投资者的资本，并为其带来效益。这种形式与工业产权、专利等不一样，以隐性的状态存在。如一个建筑施工项目，在对外进行招标时，同样具有胜任实力的建筑企业，一般来说声誉较好的中标的可能性会大很多。有的时候，声誉是一种产品品质的象征。这样长期建立起来的声誉资本在这一刻就能充分体现出来。又如同类企业的产品，顾客的忠诚度不一样，产品忠诚度高的企业，其销售额往往有保障，相应也就降低了风险，更具有竞争优势。这种优势带来的与其他企业产生的效益差额，说明声誉、商誉或信用所带来的是收益，因而这种知识资本在很多的研究中被视为声誉资本。

声誉资本有一个特殊的特点，那就是声誉资本虽然是企业的员工创造但并不被他们所拥有（如营销渠道、顾客忠诚等），但声誉资本的源泉却是来源于企业的外部，声誉资本是企业与外部交往过程中形成的关系价值。相对于知识资本的其他方面，声誉资本能够更直接地影响企业价值的实现。随着服务时代的到来，消费者日益成熟化，企业间竞争程度不断加剧，声誉资本正日益成为企业价值增值的关键因素。美国密歇根大学的克雷斯·福梅尔（Claes Fornell）教授研究发现，提高客户满意度可以有效地延长与客户的交易关系，降低产品价格弹性，提高企业声誉。声誉资本是知识资本的主要条件，在知识资本的营运过程中起着桥梁和催化作用，是知识资本转化为市场价值的决定因素。

如果把某一个地区视作一个主体，根据声誉资本的特点，区域声誉资本则代表本区域的一种能力和经验，即其他地区相比，针对国内其他地区（或者国际地区）的客户的需求，能提供一些有吸引力和竞争力的解决方案的能力和成功的经验，而这种能力和经验，使该地区在外部具有良好的总体声誉。一个地区如果声誉资本相对较高，更能吸引较多的投资、更大的贸易量、人才流进，从而进一步促进区域经济发展。

4.1.3.2　区域声誉资本的测度指标及计量

声誉资本对于单个经济体来说，是其在经营过程中建立的各种外在信誉机制，主要包括商誉、声望、名望与社会责任、品牌价值等。外延到区域层次，则区域声誉资本可以表现在两个方面：一个方面是本区域与外部区域、国家之间的贸易能力、吸引投资能力等，一定时期内区域贸易能力跟吸引投资能力意味着知识流通、技术溢出的量的高低，贸易量越大，尤其与国外之间的贸易，能够快速引进先进的技术，并推动进一步自主创新，推动经济的发展；另一个方面则是区域的整体品牌知名度，品牌度代表着一个区域针对区域内外客户的需求，能够提供一个有吸引力和竞争力的解决方案的能力和成功的经验，实际上存在这区域品牌的省份，在我国不是少数，特别是产业集聚区的知名度。

在本研究中，把区域声誉资本分为三个维度，分别是国际贸易及国际人员来往、国内贸易往来和区域品牌知名度等。在分析以往文献的基础上，把每个维度的测度指标分别如表4.7所示。

表4.7 区域声誉资本测度指标

区域声誉资本 M		
国际贸易及国际人员往来 M_1	国内贸易往来 M_2	区域品牌知名度 M_3
进出口总额占 GDP 比重 M_{11}	社会消费品零售总额占 GDP 比重 M_{21}	驰名商标比例占全国比例 M_{31}
外商注册资本占 GDP 比重 M_{12}	工业产品销售率 M_{22}	质量损失率 M_{32}
国际旅游（外汇）收入占 GDP 比重 M_{13}	货物和服务净流出占 GDP 比重 M_{23}	
接待外国游客占全国接待人数比重 M_{14}	限额以上批发和零售业商品购进总额占 GDP 比重 M_{24}	
	限额以上批发和零售业商品销售总额占 GDP 比重 M_{25}	

根据表4.7的测度指标，根据中国统计年鉴上查的原始数据进行计算，计算后各个测度指标的得分指数见附录表6、附录表7所示。计算各个地区的声誉资本的综合值时同样采取主成分分析的方法来计算。利用SPSS15.0，进行KMO检验以及Bartlett的球形检验，其中KMO值为0.762，Bartlett检验为显著（卡方值为281.147，自由度为55，P值为0），符合样本数据条件，故可以进行因子分析。分析后特征值大于1的有4个，故提取4个公因子 F_1、F_2 和 F_3、F_4，特征值及贡献率分别为5.061、1.629、1.460、1.079，29.337%、26.151%、15.855%、12.562%。累计贡献率达到83.905%。

经过因子方差最大发进行旋转以后，可以得到如表4.8所示荷载，取每个指标在四个因子的最大值，即可以解释方差的83.905%。

表4.8 因子分析后各测度指标的荷载量

指标	F_1	F_2	F_3	F_4	指标	F_1	F_2	F_3	F_4
M_{12}	0.910				M_{31}	0.665			
M_{13}	0.852				M_{23}		0.707		

续表

指标	F_1	F_2	F_3	F_4	指标	F_1	F_2	F_3	F_4
M_{24}	0.823				M_{22}		0.581		
M_{11}	0.810				M_{32}			0.676	
M_{25}	0.807				M_{21}				0.593
M_{14}	0.674								

根据公式 $a_i = \lambda_i / \sum_{i=1}^{p} \lambda_i$，计算各个因子的权重，即可以得到：

$$F = 0.548 \cdot F_1 + 0.176 \cdot F_2 + 0.158 \cdot F_3 + 0.117 \cdot F_4 \qquad (4.4)$$

最终计算各地区声誉资本的得分指数如表4.9所示。

表4.9 我国各省（区、市）声誉资本得分指数

地区	综合指数得分	地区	综合指数得分	地区	综合指数得分
北京	5.80088	安徽	-1.57819	四川	-1.44097
天津	3.71739	福建	1.2845	贵州	-2.60578
河北	-1.78887	江西	-1.17201	云南	-0.31182
山西	-1.39514	山东	-0.07432	西藏	-2.10269
内蒙古	-1.68199	河南	-1.9998	陕西	-0.70319
辽宁	0.97581	湖北	-1.24561	甘肃	-0.37305
吉林	-2.03456	湖南	-1.21539	青海	-2.56461
黑龙江	-1.47869	广东	5.43773	宁夏	-2.55545
上海	6.88687	广西	-1.41497	新疆	-0.87531
江苏	2.89541	海南	1.45715		
浙江	3.11798	重庆	-0.96127		

由表4.9得知，从声誉资本这个角度来分析，东部地区上海、江浙、广东、天津和北京有这明显的优势，而排在最后的几个省份均属于西部地区，如青海、宁夏、西藏和贵州等。

让人感到意外的是海南省，其声誉资本的名次排到了第7名，不仅大大超过了其经济发展水平，而且在知识资本的几个维度中，声誉资本是唯一比较靠前的，这应该与海南所处的地理位置、贸易量大人口少而导致人均水平较高有关。一个区域与外部的贸易以及人员的往来，为本区域经济发展提供了互补资源及信息和技术，从而增强了区域的竞争力，提升了本区域的声誉度，而这些与经济的发展会产生互动。从区域整体的特征来看，声誉资本与经济发展的水平保持一致的趋势，经济发展水平是呈现东、中、西部的由领先到滞后的差异。声誉也是如此，区域声誉资本水平与经济发展之间有较强的相关性，某一个地区与外部的交流、本身的声誉收到经济发展水平的影响，反之，声誉的高低，会进一步影响经济发展。

4.1.4　区域流程资本的现状分析

4.1.4.1　流程资本的定义及内涵

经济的发展已经开始进入到知识经济阶段，知识越来越成为经济发展的关键要素，知识和信息的有效生产、分配和使用对经济社会的发展影响显得非常重要。因而知识的创新对经济的增长、社会的发展的重要意义也日趋突出，并且进一步使知识的传递尤其是科技知识的传播得到了学术界、企业界的空前重视，其地位也在迅速上升，关注热度明显加强。因此我们可以推断出在知识经济发展阶段，知识的传播或溢出效应的加强，将成为影响经济甚至影响国家在国际上竞争实力的一种重要因素。这样的背景下，OECD（经济合作与发展组织）、IMD（洛桑国际管理学院）这样一些国际组织，将技术转移效率等一些科技传播相关指标引进到对不同国家的创新能力、竞争实力的评价里。简单地说，一个地区的流程资本，就是该地区科技信息传播、知识流动能力的表征，是指为了提升知识溢出效率，增强创新能力，在一个区域内共享、传播知识的机制、体制以及相应的基础设施，是一个区域内信息、技术流通的能力表述，具体反映到交通运输、通信等方面的流量。

信息科技无论从横向的影响范围还是纵向的深刻程度，对我们的生活、社会经济的发展起到了越来越关键的作用。而作为信息科技传播的决定性因素——流程资本，已经影响到区域内不同创新主体的生存和发展。比如，作为一名当代的社会公众，如果没有与其工作或生活需要相适应的个体信息吸收和传播能力，就根本无法汲取有效的信息和知识，更谈不上对其利用、评价和开发，无法达到终身学习的目的。现代的公民需要通过终身学习不断提高自身素质和技能，其工作和生活会受到直接的影响。企业或研究机构同样如此，企业缺乏这方面的能力或资本，根本无法适应变化日趋强烈的环境，无法提高企业的管理水平和生产工艺，就会面临被淘汰的命运。一个国家也是如此，在全球化的今天，一个国家在流程资本方面缺失，就无法吸引和利用国际上先进的科学知识，与发达国家的差距会越来越明显。

地区流程资本的大小标志着该地区吸收、整合外来信息、科技知识的一种能力的高低。对一个地区来说，在内体现在为能否有效扩散、传播科技知识和科技结果，并达到共享的效果，从而提高本地区的生产率；对外则意味着吸引科技人才、吸引外商直接投资、吸收科技信息，并进一步转化为本地区的生产力。一个地区流程资本的高低取决于该地区能否在整个社会环境中有效整合传播力量和途径，促进知识外部化、信息编码化、技术共享化从而使科技知识向社会公共资源转化，进而内化为人力资本。

故而大力提高各地区的流程资本，对我国全力推进自主创新、产业结构转型，经济增长向集约式方向发展，建立创新型国家有这非常重要的战略意义。

4.1.4.2　区域流程资本的测量维度及指标

一直以来，我们一直在强调知识创新和应用在经济增长中的作用，而对流程资本的作用很少关注。但应该知道，信息、知识的传播是知识创新过程的一个最基本的环节，知识只有经过传播，才会扩散，有了扩散才会有知识的外部效应和知识的溢出效应。有了这个溢出效应，知识才会在不断的循环中更新，促进科技进一步的发展。如果没有这个环节，没有一定的中介支撑，就会造成一种闭门造车的效应，阻碍社会前进的步伐。同样，新知识是知识创新的结果，这种结果同样需要传播途径，由创新者的"私人知识"转化为可共享的"公共知识"，否则无法转化为公共知识，不能达到共享，应用该知识，转化为生产力就是纸上谈兵了。可以这么说，流程资本最基本的功能就是一方面把新知识才能够特定区域或人向外输送，达到扩散，并转化为生产力，也就是说起到一种联结功能的作用；另一方面则提供吸收外部知识的途径，为进一步创新打下基础。

一个地区的流程资本该如何来衡量，该用什么样的指标来表征其大小呢？胡鞍钢等认为知识交流能力，反映了一个地区的人口传播知识的能力，决定了该地区人口在其需要信息时是否有获得信息的途径，以及通过这种途径传播知识的效率。可以三代信息交流工具的使用情况来衡量：第一代纸质信息传播工具（人均报纸订阅量）、第二代电信交流工具（电话普及率）和第三代网络信息交流工具（万人口互联网用户数）。印刷技术是传统知识传播的基础，因为最初知识、科技的传播多是用印刷物作为媒介，当然其在当前仍然是一种重要的传播方式之一。随着信息技术的进一步发展，西方发达国家率先开发了新的传播技术，大大地促进了科技信息、知识的流动速度，使知识、技术的分享显得更为高效。新兴的技术包含数字通信、光纤通信等，信息处于一个爆炸的时代，信息的表现形式也由纸质文献信息向数据型、声像型转变。科技的发展，使传播模式从手工方式走向自动化，交流模式更是由单向向双向转变，大大提高了传播的效率和准确性。同时使信息的内容、传播途径不再受到时间、距离的限制，便捷化、瞬时化和远程化成为当代信息传播的特点，传播的迅捷，储存的方便，从根本上提高了信息、知识利用的高效性。但关于知识的交流以及科技的传播，人员的流动以及货运的能力的大小是不可或缺的因素，人员的流动，可以直接带来个人隐性知识的传播，而对于商品来讲，尤其对于高科技的产品，其蕴含的知识量更是不能忽视，因而在本研究中，把流程资本分为区域内部流动与流通能力等三个维度，具体见表4.10。

表 4.10　　　　　　　　　　　**区域流程资本的测度指标**

区域流程资本维度 P		
区域社会内部流动与流通能力 P_1	区域社会沟通与交流能力 P_2	纸质信息流通能力 P_3
客运总量占全国比重 P_{11}	邮电业务量占 GDP 比重 P_{21}	图书总印数占全国比重 P_{31}
货运总量占全国比重 P_{12}	移动电话用户数占全国比重 P_{22}	图书总印张数占全国比重 P_{32}
职业介绍机构个数占全国的比重 P_{13}	固定电话用户数占全国比重 P_{23}	期刊总印数占全国比重 P_{33}

区域流程资本维度 P		
职业指导人数占全国比重 P_{14}	因特网用户数占全国比重 P_{24}	期刊总印张数占全国比重 P_{34}
移动电话交换机容量占全国比重 P_{15}		报刊总印数占全国比重 P_{35}
		报刊总印张数占全国比重 P_{36}

表 4.11　　　　　　　　　　流程资本各测度指标的荷载

指标	F_1	F_2	F_3	指标	F_1	F_2	F_3
P_{15}	0.877			P_{12}	0.689		
P_{22}	0.874			P_{13}	0.669		
P_{24}	0.856			P_{34}		0.916	
P_{23}	0.856			P_{33}		0.913	
P_{36}	0.822			P_{21}			0.803
P_{35}	0.780			P_{31}			0.720
P_{11}	0.766			P_{32}			0.712
P_{14}	0.701						

依据表 4.10 的测度指标，根据中国统计年鉴上查得原始数据进行计算，计算后各个测度指标的得分值分别见附录表 8、附录表 9 和附录表 10。计算各个地区的声誉资本的综合得分时同样采取主成分分析的方法来计算。利用 SPSS15.0，进行 KMO 检验以及 Bartlett 的球形检验，其中 KMO 值为 0.801，Bartlett 检验为显著（卡方值为 746.913，自由度为 105，P 值为 0），故可以进行因子分析。分析后特征值大于 1 的有 3 个（10.200、1.751、1.012），故提取 3 个公因子 F_1、F_2 和 F_3，他们的贡献率分别为 45.576%、20.861%、19.984%，这三个因子累计贡献率达到 86.422%。经过因子方差最大发进行旋转以后，可以得到如表 4.11 所示荷载，取每个指标在四个因子的最大值，即可以解释方差的 86.422%。

根据公式 $a_i = \lambda_i / \sum\limits_{i=1}^{p} \lambda_i$，计算各个因子的权重，即可以得到：

$$F = 0.527 \cdot F_1 + 0.241 \cdot F_2 + 0.231 \cdot F_3 \qquad (4.5)$$

最终计算各地区声誉资本的得分指数如表4.12所示。

表4.12　　　　　　　　我国各省（区、市）流程资本得分指数

地区	综合指数得分	地区	综合指数得分	地区	综合指数得分
北京	6.52251	安徽	0.23491	四川	2.51899
天津	4.77031	福建	2.81096	贵州	−3.51586
河北	2.23002	江西	−1.11658	云南	−1.38526
山西	−0.43969	山东	5.3003	西藏	−5.51510
内蒙古	−1.96589	河南	3.3315	陕西	−0.47582
辽宁	1.40989	湖北	1.56886	甘肃	−2.72989
吉林	−1.08326	湖南	0.7976	青海	−4.80854
黑龙江	−1.33925	广东	3.67085	宁夏	−5.03778
上海	6.12352	广西	−1.71252	新疆	−3.22059
江苏	4.14460	海南	−4.59676		
浙江	5.73448	重庆	3.01895		

从表4.12可以看出，在流程资本方面，具有显著优势的地区是北京、上海、浙江、山东天津和江苏，后五位是位于西部的新疆、西藏、陕西、青海和东部的海南。西部地区除了重庆和四川以外，其他省份流程资本发展指数均是非常低；中部地区除江西以外，其他省份发展较西部地区要略好一些。东部经济较发达的吉林位于第19位，其得分为负值，处在平均水平以下，所以吉林需要加强在共享和传播知识的基础设施方面的建设。中部地区的重庆、河南以及四川排名却是相当靠前，这说明在中西部地区这几个省份在这一方面加强建设，为经济的进一步腾飞打下扎实的基础，为中西部其他几个省份树立了标杆作用。从区域特征分析，综合得分值说明我国各地区在流程资本方面发展不平衡，地区间存在较大差异，中西部地区普遍较为落后。

4.1.5　区域制度资本的现状分析

4.1.5.1　制度资本的定义

制度是什么呢？青木延昌从博弈论的视角给制度下了定义，按照其观点，制度是一个自我维系系统，着重在于对于博弈如何进行的一种共同信念，其本质是一种对博弈路径进行显现并对其固定的一种表征，而且这种表征会被相关领域理的所有参与人感知、认同，并且被认为与之选择的策略相关。因此，制度就是一种制约机制，制约着参与人的互动，同时在不断变化的环境中被再生出来。新制度经济学的重要人物诺思认为，制度是一种社会规则，一种博弈规则，由人们所创造，并且在人们互相交往中给以限制的一种框架，并把它分为正式规则和非正式规则，前者包含宪法、产权制度以及合同等，后者包含风俗、习惯规范等。

美国学者舒尔茨把制度定义为一系列行为规则的总和，这些规则对社会、经济和政治行为均有一定的约束。新制度经济学认为，社会认可的一系列非正式、正式约束和实施机构组成了制度，前者由后者来提供。非正式约束是人们在社会生活中形成的，具有无意识的特点，但其生命力持久，成为文化的一部分而代代相传。应该说，在正式约束形成以前，社会中人际关系的维持主要依靠非正式约束，哪怕是现在，正式约束与非正式约束两者中，后者依然占主导地位，后者在人们生活的空间中维持了既有的交往。由分析可以得知，正式约束是人们在日常生活中有意识地构建一些法律法规、政策等，如政治经济规则和契约等，还有相应的一种系统结构，这种系统结构由不同等级的规则组成，如宪法、成文法、不成文发、特殊细则还有个别契约等，系统地约束人们的行为。非正式约束的范围要广的多，它是正式约束的扩展和细化，社会公认的行为规则、组织内部的行为规则都是在其范围之内。

本研究中的区域制度资本，主要包含那些能够促进区域内资源配置效率的知识要素，如果把某个地区看作一个虚拟的主体，制度资本就是类同于企业知识资本中的管理资本，不过后者指那些存在于组织之中的保证组织正常、有序运转的内部知识因素。企业内部的知识创新、传递扩散到最后的使用和价值实现都离不开环境上的支持和保障，而这些资本正是提供了这种保障和支持。以地区为主体的制度资本是为地区的经济发展而制定的能够规范本区域内各个经济主体行为的规则、政府机构的定位原则（是否服务型政府等）、促进提升区域竞争力和提高资源配置的一系列符合市场经济发展的策略。实际上，某一个区域的制度资本的高低，具体表现为该区域市场化进程的高低，市场化进度高，说明该区域资源配置效率较高；反之则相反。

区域经济发展影响着区域制度资本，反过来，区域制度资本也影响着区域经济增长；区域间的竞争以及经济发展到一定阶段时，原有的旧的制度就会不再适应经济的需要，必须进行创新。区域制度的创新如果比较成功，就会使交易成本大大降低，能够给经济发展予以有效的激励，从而提高经济效率，而制度资本也会成为影响经济发展的一个重要因素。根据我国的国情，尤其是改革开放以后，制度创新是供给型，并且由中央政府主导的过程。因此，制度创新为后发地区提供了机遇，是后发地区赶超先发地区的动力和条件。也就是说，后发地区通过制度创新，释放经济要素活力，从而促进经济快速增长。深圳从一个小渔村发展到现在这样一个现代化城市，制度创新就是一项非常重要的因素。从宏观上来讲，西部地区落后于东部地区的发展，很大的因素就是制度供给上存在着较大的差距，如企业制度、交易规范等影响市场发育水平的因素在经济发展的过程中起着举足轻重的作用。综合来说，就是制度资本在这两个区域间存在明显的差距，西部地区要实现跨越发展，实现赶超战略，必须要有能够提高西部竞争力的高效制度主导的系统创新才行。

4.1.5.2 区域制度资本的测度指标及计量

（1）非政府消费比例。

市场经济是由市场来对经济资源进行高效配置，避免效率损失，市场化改革，也是从政府计划配置向市场调节分配的转向。计划经济时代，分配经济资源的主要渠道是政府财政，市场经济改革后，经济资源的分配有市场这只"无形的手"来进行。一般来说，如果一个地区或国家政府配置的资源较少，意味着该地区或国家的市场化水平相对较高。该指标是一个负相关指标，也就是政府财政预算占当地国内生产总值的比例（两者的差则是由市场配置的资源总额），这个比例越高，市场化程度越低，则制度资本的指数就相对就降低。需要指出的是，尽管财政支出比重和市场化进程之间并不是呈现简单的线性负相关，但是在一定的范围内能够表征地区经济的市场化程度。

（2）非国有经济的发展程度。

相对于国有经济，民营经济面临的市场约束更为强烈，提升资源配置效率的需求在其自身内部就存在。对于产权约束，国有经济实体和非国有经济实体面对的约束有差异，从而导致业绩的差距。这个指标考虑了三个分指标：其一是非国有经济在工业产值中的比例；其二是非国有经济占全社会固定总投资的比例；其三是城镇就业人数中非国有经济的成数。实际上目前很多文献中把非国有经济的发展作为考察经济体制改革的一个重要指标。

（3）外商直接投资程度。

外资引进的多少，体现着一国或一个地区经济开放程度，如果一个地区引进外资非常少，就要考虑如何提升本地区的开放程度了。开放程度影响着专业化分工、创新活力等。实际上一个地区有着较高外商投资额度，意味着该地区有着较完善的市场环境，表明要素市场的发育程度较高。理论上可以认为外资引着进程度越高的地区，经济水平也应该较高。

依据表4.13的测度指标，根据中国统计年鉴上查的原始数据进行计算，计算后各个测度指标的得分值如附录表11所示。计算各个地区的制度资本的综合得分时同样采取主成分分析的方法来降维以便于计算。在因子分析前进行检验，以便该方法的可适用性得到证实。利用 SPSS15.0，进行 KMO 检验以及 Bartlett 的球形检验，其中 KMO 值为 0.629，Bartlett 检验为显著（卡方值为 91.566，自由度为 10，P 值为 0），故可以进行因子分析。分析时根据方差的贡献率的大小，结合因子的特征值，抽取三个公因子 F_1、F_2 和 F_3，特征值及贡献率分别为 2.848、0.930、0.805，49.545%、21.712%、20.411%，经过因子方差最大法进行旋转以后，可以得到如表4.14所示的荷载，取每个指标在四个因子的最大值，即可以解释方差的91.667%。

表 4.13   区域制度资本测度及指标

区域制度资本维度 S		
地区经济资源分配结构 S_1	非国有经济的发展程度 S_2	对外开放程度 S_3
各地区最终消费支出中非政府消费支出所占比重 S_{11}	非国有经济在工业总产值中的比重 S_{21}	外商投资占 GDP 比重 S_{31}
	全社会固定资产总投资中非国有经济的比例 S_{22}	
	城镇总就业人数中非国有经济就业人数的比例 S_{23}	

表 4.14   因子的荷载量

因子	S_{11}	S_{21}	S_{22}	S_{23}	S_{31}
F_1		0.956	0.784	0.943	
F_2	0.970				
F_3					0.988

根据公式 $a_i = \lambda_i / \sum_{i=1}^{p} \lambda_i$，计算各个因子的权重，即可以得到：

$$F = 0.540 \cdot F_1 + 0.237 \cdot F_2 + 0.223 \cdot F_3 \tag{4.6}$$

最终计算各地区声誉资本的得分指数如表 4.15 所示。

表 4.15   我国各省区制度资本得分指数

地区	综合指数得分	地区	综合指数得分	地区	综合指数得分
北京	3.07056	安徽	1.41356	四川	0.5013
天津	2.30113	福建	1.87980	贵州	- 1.42086
河北	0.83400	江西	0.47703	云南	- 1.24461
山西	- 0.64568	山东	1.84095	西藏	- 2.59042
内蒙古	- 0.48329	河南	0.84521	陕西	- 1.71552
辽宁	0.61125	湖北	- 0.1555	甘肃	- 2.60188
吉林	0.36617	湖南	0.3953	青海	- 2.29994
黑龙江	1.20028	广东	2.46873	宁夏	- 0.4819

地区	综合指数得分	地区	综合指数得分	地区	综合指数得分
上海	3.02633	广西	0.40816	新疆	-2.62009
江苏	2.46608	海南	1.72467		
浙江	2.33406	重庆	0.17087		

考察制度资本的发展程度,实际上是分析各地区的市场化进度的大小,从表4.15可以看出,北京、上海、广东、江苏、浙江占据了前五位,而新疆、西藏、甘肃、青海和陕西靠后。这与经济发展的现状比较符合。市场化进程快,也就是制度资本的发展程度较高,意味着资源配置的效率就高,经济发展会明显高于其他市场化进程相对较低的地区。从表4.15中可以看出,海南的制度资本也比较靠前(名次为第10位),超出其经济的发展水平,作为我国最大的经济特区,在市场化的过程中已经走到全国的前列。综合情况来看,东部地区由于政府干预市场程度较低,市场化进程、私有民营企业的发展要明显超出其他落后省份。而中西部地区,从区域特征分析,正直和负值走向两个极端的比较多,处于中间位置的很少,这说明制度资本在区域之间的不均衡状态非常明显。

4.2 各省份区域知识资本综合值(2008)测算

根据本章前面部分计算我们可以知道,知识资本的各个维度得分值是一个无量纲的数值,通过标准化计算,消除了量纲的影响,从而能够衡量不同地区在不同维度上相对值的大小,进而可以进行比较。但是单个维度的高低,并不能代表一个省份区域知识资本综合值的高低,因此,为了客观比较各省市知识资本的大小,还需要进一步测算各个省市知识资本的综合情况。计算综合值时同样采取采用主成分分析的方法,对已经定量计算的各个维度的指标再次进行因子分析的适用性检验,再通过主成分分析各个维度的权重(见表4.16)。

表 4.16　　　　　　　　　区域知识资本各维度因子的荷载量

因子	人力资本	技术创新	声誉资本	流程资本	制度资本
F_1	0.932	0.835	0.630		
F_2				0.833	0.811

利用 SPSS15.0 进行 KMO 检验和 Bartlett 球形检验，得到 KMO 值为 0.723，Bartlett 球形检验为显著（卡方值为 63.204，自由度为 10，P 值为 0），满足因子分析的要求，因而对五个指标指数进行主成分分析，进而得到个地区的知识资本的综合指数。主成分分析中，有两个公因子的特征值大于 1，它们的特征值和方差贡献率分别为 2.014、1.608 和 40.274%、32.155%，两个特征根的累计贡献率达到 72.429%。经过因子方差最大法进行旋转以后，可以得到如表 4.16 所示荷载，取每个指标在二个因子的最大值，即可以解释方差的72.429%。

根据公式 $a_i = \lambda_i / \sum\limits_{i=1}^{p} \lambda_i$，计算各个因子的权重，即可以得到：

$$F = 0.556 \cdot F_1 + 0.444 \cdot F_2 \qquad (4.7)$$

最终计算各地区声誉资本的得分指数如表 4.17 所示。

表 4.17　　　　　　　2008 年各省市（区）区域知识资本综合值

地区	知识资本综合指数	地区	知识资本综合指数	地区	知识资本综合指数
北京	11.02270	安徽	-1.90379	四川	1.07497
天津	8.59307	福建	1.20353	贵州	-5.47972
河北	0.43527	江西	-2.35544	云南	-3.15747
山西	-1.92855	山东	6.47692	西藏	-7.17205
内蒙古	-3.42492	河南	-0.17505	陕西	-1.79001
辽宁	2.58771	湖北	0.15693	甘肃	-4.27033
吉林	-2.14106	湖南	-0.73166	青海	-7.24919
黑龙江	-0.77062	广东	8.69673	宁夏	-5.33875
上海	9.31840	广西	-3.36082	新疆	-5.19326
江苏	11.27010	海南	-3.01222		
浙江	8.15640	重庆	-3.25070		

4.3　区域知识资本的非均衡现状分析

由上一节的分析可以得知，区域知识资本占绝对优势的地区是北京和江苏，其次是上海、天津、浙江、山东和广东，区域知识资本前 7 位的都是东部地区。在主成分分析后的综合得分中，排在前的七个地区，其均值达到 9.07633，而其他地区中，19 个地区的得分都为负（见表 4.17），说明我国各地区知识资本的发展很不均衡，地区间差异较大。接下来，我们再用聚类分析的方法，对 31 个地区按知识资本综合值进行分类，聚类分析结果见表 4.18。

表 4.18　　　　　　　区域知识资本聚类分析结果的区域分布

区域 分类	东部	中部	西部
区域知识资本 Ⅰ 类	北京　江苏		
区域知识资本 Ⅱ 类	天津　上海　浙江 山东　广东		
区域知识资本 Ⅲ 类	辽宁　福建	黑龙江　河北 河南　湖北　湖南	四川
区域知识资本 Ⅳ 类	海南	吉林　江西　安徽 内蒙古	重庆　山西　广西 甘肃　陕西　云南
区域知识资本 Ⅴ 类			贵州　西藏　青海 宁夏　新疆

注：表中 Ⅰ 类表示知识资本最强的地区，以此类推，Ⅴ 类为知识资本最弱的地区，数据来自表 4.17。

由表 4.18 可以看出，区域知识资本处于 Ⅰ 类和 Ⅱ 类（即知识资本强和次强）的地区的都为东部地区；区域知识资本处于 Ⅳ 类（即知识资本较弱）的 11 个地区中 1 个为东部地区，4 个为中部地区，另外 6 个为西部地区；区域知识资本处于 Ⅴ 类（即区域知识资本弱）的 5 个地区均属于西部地区，中西部地区知识资本发展较落后。由此体现出区域知识资本发展的非均衡状态，东部地区区域知识资本具有明显的优势，与中西部地区相比较，后者在这方面存在着很大的差距，中西部各地区区域知识资本整体滞后。

4.4　区域知识资本结构模型的验证性分析

4.4.1　结构方程模型

结构方程模型（SEM）是一种将因子分析、典型相关分析和多元回归分析集于一身的理论驱动式统计方法。SEM 可以同时处理多个因变量；而且容许自变量和因变量含有测量误差；容许潜在变量由多个观察指标所构成，可以采用比传统方法更有弹性的测量模式；研究者可假设潜在变量间的关系，并估计整个模型与数据的拟合程度来进行验证[①]。

SEM 理论模型主要由测量模型和结构模型两部分构成，前者是指结构方程模型中使用观测变量来构建潜在变量的模型，后者则是验证潜在变量之间的假设关系。

（1）测量模型（measurement model），就是将可观测的变量联结到潜在变量，经由 CFA（confirmatory factor analysis，验证性因素分析）的测量模型，探讨可观测变量与潜在变量之间的因素模型分析是否成立。

测量模型的基本形式可用矩阵和向量表示如下：

$$X = \Lambda_X \times \xi + \delta \tag{4.8}$$

$$Y = \Lambda_Y \times \eta + \varepsilon \tag{4.9}$$

其中，X 和 Y 表示可观测变量向量，Λ_X 和 Λ_Y 表示因素荷载矩阵，ξ 和 η 表示潜在变量（前者在结构模型中表示外生变量，后者则是内生变量）向量，δ 和 ε 表示测量误差向量。CFA 除了必定事先决定共同因素的数目外，所有的假设都可由研究者依据自身的先验知识去设定，研究者只要根据所收集到的数据来验证所设定的因素结构是否可以接受即可。

---

① 侯杰泰，温忠麟. 结构方程模型及其应用 [M]. 北京：教育科学出版社，2004.

假定有 X_1、X_2、X_3、X_4、X_5、X_6 五个可观测变量，如果研究者假设有两个因素维度 ξ_1、ξ_2，其中 X_1、X_2、X_3 构成 ξ_1；X_4、X_5、X_6 构成 ξ_2，共同因素 ξ_1、ξ_2 彼此相关，测量误差各自独立，则该 CFA 模型可利用路径图 4.2 来表示。

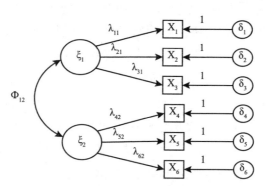

图 4.2　结构模型中观测变量路径分析

（2）结构模型（structural model），主要确认潜在变量之间的关系是否成立，也就是外生变量与内生变量、内生变量与内生变量等潜在变量之间的关系，通过数据来验证假设关系的成立与否。结构模型的基本形式可以以矩阵和向量的形式表示如下：

$$\eta = B\eta + \Gamma\xi + \zeta + \cdots \tag{4.10}$$

在图 4.3 中（观测变量没有画出），η_1 受 ξ_1、ξ_2、ξ_3、η_2 的影响，η_2 受 ξ_1、ξ_3 的影响，这种潜在变量间的关系，便是 SEM 中的结构模型，ξ_1、ξ_2、ξ_3 是外生潜变量，而 η_1、η_2 则是内生潜变量。

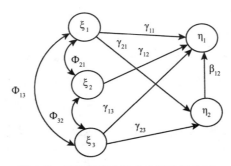

图 4.3　结构模型中潜在变量路径分析

（3）模型的检验标准。

对结构方程模型进行检验的指数非常多。在本研究中，选取了 RMSEA、CFI、AGFI、χ^2、GFI 以及 RMR 等指标来检验拟合度的大小。在这众多的指标中，χ^2 与自由度以其来验证模型正确的概率，是使用频率最高的。如果 χ^2/df 趋向 1.0，表明样本数据的协方差矩阵之间的相似性就越接近，但这个要根据样本的数量来确定，样本容量如果较大，该值可以高出 1.0，甚至达到 2.0 以上一般在研究中。另外，近似误差的均方根 RMSEA 的检验值如果小于 0.05，则表示拟合度较优，该值越大，则拟合度就越差，一般不能大于 0.10，否则是拟合度根本达不到要求；残差均方根 RMR 的取值稍微宽松一点，就是只要小于 0.08 就能表示模型可以接受，当然该值越小越好；拟合优度 GFI、调整拟合优度 AGFI 一般情况下要求大于 0.9，接近 1.0 为最好，比较拟合参数也是如此，要求大于 0.9 以上，模型才能被接受。

4.4.2　数据的来源及处理

本章前面部分分别采用区域知识资本中人力资本、技术创新、声誉资本、流程资本、制度资本作为相应的潜变量，建立全变量模型（含测量模型和结构模型）。人力资本的观测指标用教育水平、医疗卫生和社会保障作为观测变量，观测变量的值采用该变量所有的测度指标值进行主成分分析后计算所得的值，当然进行因子分析前必须进行适用性检验。同样，技术创新采用投入、产出和创新环境来进行，声誉资本采用国内贸易、国际贸易及人员往来和外商投资来进行。流程资本采用社会内部流动与流通机制、社会沟通与交流机制和社会沟通与交流机制，制度资本采用经济资源分配结构、非国有经济状况和外商直接投资来进行分析，具体见表 4.19。数据来源采用 1996～2008 年中国统计年鉴、各省市地方统计年鉴以及中国科技统计年鉴、出版年鉴、劳动年鉴等。每一年各省份区域知识资本的定量计算方式参考本章 4.1 节和 4.2 节来进行，计算得出逐年数据后的协矩阵及利用 LERSIAL 软件的编程见本书附录。

表 4.19 区域知识资本结构验证分析中的变量

区域知识资本结构模型变量	
潜在变量	观测变量
人力资本（内生变量）	Y_1 教育水平
	Y_2 医疗卫生
	Y_3 社会保障
技术创新资本（内生变量）	Y_4 科技投入
	Y_5 科技产出
	Y_6 科技创新环境
声誉资本（外生变量）	X_1 国际经济贸易及人员往来
	X_2 国内经济贸易
	X_3 区域品牌度
流程资本（外生变量）	X_4 区域社会内部流动与流通机制
	X_5 区域社会沟通与交流机制
	X_6 社会沟通与交流机制
制度资本（外生变量）	X_7 经济资源分配结构
	X_8 非国有经济
	X_9 外商直接投资

4.4.3 区域知识资本全模型的构建

4.4.3.1 声誉资本对人力资本、技术创新能力的影响

从本研究中的第 3 章对于区域知识资本的内容维度及结构维度组成部分的分析得知，声誉资本包含了国内贸易、国际贸易及国际人员往来和区域品牌度。如果说流程资本反映的是一个区域流通、交流的能力，则声誉资本则表示了一个区域在本区域内外的一种声誉，其直接影响到国内国际贸易量的大小、国际人员往来的多少以及外围经济体对其各种能力的认可度。贸易量的大小以及人员的交流会带来外部较为先进的技术、大量的资本，从而提高了区域的人力资本，促进了地区的技术创新，所以同样作出以下假设：

H1a：区域声誉资本的大小，影响着区域人力资本积累的能力。

H1b：区域声誉资本对区域技术创新有着正面的影响。

4.4.3.2 流程资本对人力资本、技术创新能力的影响

知识资本中的流程资本，是一个区域作为虚拟主体的情况下，其对内、对外的知识交流、流通能力，交流的载体包括人员、信息设施以及纸质媒体和虚拟网络等等。人员的流动，从微观的个体来审视，会给单个的人带来各种经验的积累以及知识的增加，从而增加个人的人力资本积累，人员流动尤其是相当于一种下意识的"培训"，在迁徙的过程中增加人力资本，综合到区域来说，便是增加了区域的人力资本。信息设备传递能力、各种媒体以及虚拟网络则为知识的扩散提供了平台，更加有利于单个的人知识吸收，进一步提升了区域知识资本和技术创新环境，增加了区域的技术创新能力。所以在结构模型中，流程资本作为外生变量，而人力资本、技术创新资本则可以作为其内生变量，也就是说流程资本对人力资本和技术创新资本产生影响。即作出以下的假设：

H2a：区域流程资本对区域的人力资本有着正面的影响，其大小影响人力资本的积累。

H2b：区域流程资本对区域技术创新有着正面的影响，流程资本的改善有利于区域创新能力的提升。

4.4.3.3 制度资本对人力资本、技术创新能力的影响

本研究中的制度资本，主要是体现了某一个地区的市场化进度，标志这一个地区中微观经济主体的自主性和市场按照规律自我调节的能力，毕竟，大量的理论研究和实证说明市场经济是目前相对来说最为有效的一种经济体系。市场化意味着区域中资源配置能力和有效的程度。本研究中，制度资本包含了区域中经济资源的分配结构、非国有经济的比例以及外商直接投资的情况，资源的有效配置，更是有利于区域的技术创新，进一步促进区域人力资本的整体积累。因而作出以下假设：

H3a：区域中制度创新有利于本区域的技术创新。

H3b：区域中制度创新有利于本区域人力资本的积累。

4.4.3.4　人力资本与技术创新能力之间存在着相互影响

人力资本是所有技术创新的根本，一个区域人力资本量的多少、质的高低，对一个区域的技术创新起着决定性的作用，是技术创新的基本。技术创新反过来为区域人力资本的提升起到了重要的作用，技术创新最终反映到新知识的创造、新产品的产出，而这些新知识新技能最终在区域内吸收消化，转化为单个的人力资本，再进一步积累为区域的人力资本。因此同样也作出如下假设：

H4a：人力资本对区域技术创新有着重要的影响。

H4b：区域技术创新进一步提升了区域的人力资本。

区域知识资本结构全模型见图 4.4。

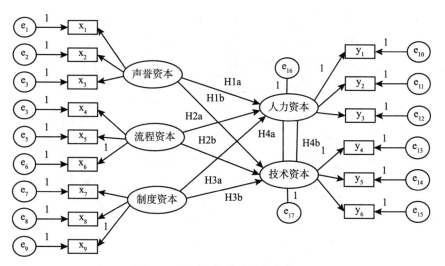

图 4.4　区域知识资本结构全模型

4.4.4　区域知识资本全模型验证结果分析

4.4.4.1　测量模型的验证性分析

利用软件结构方程软件 LERSIAL 8.0，设定相应的参数，如观测变量的个数、测量样本的个数、潜变量的个数等，输入经过 SPSS15.0 计算得出的协矩阵，进行验证分析，χ^2/df 是 1.95，在大样本数量下，该值可以被接受，残差均方根 RMR 为 0.038，显示拟合程度非常好；近视误差均方根拟合优度一般，该值为 0.080，CFE、GFI 以及 AGFI 的值多大于临界值 0.90 的标准，其中 CFI 值达到 0.96，接近于 1.0，是非常好的拟合；P 值大于 0.05，表明样本数据与理论模型之间没有显著性的差异。综合上述判断指标，可以接受区域知识资本的五因子模型结构，图 4.5 为该模型的路径系数图，其中变量 VAR1 – VAR20 分别对应于表 4.19 中的变量。

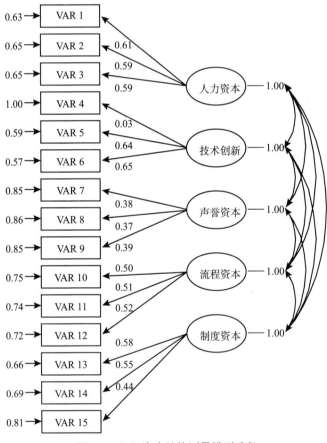

图 4.5　知识资本结构测量模型路径

4.4.4.2　潜在变量之间的关系（结构模型）验证分析

在前面的假设中，我们设定人力资本、技术创新为内生变量，声誉资本、流程资本和制度资本为外生变量，并同时对这几个变量之间的关系进行设定，结构模型的验证分析，主要是确定关系的成立与否，实际上，为了更好的确定这几个变量之间的关系，本研究利用另一结构方程软件 AMOS17.0，进行模型设定探索（model specification search），目的在于从各种可能的模型中找出最佳的那个模型。即在假定外生变量和内生变量、内生变量和内生变量之间关系的基础上，结合数据协方差矩阵，进行模型的拟合探索，检验哪一种模型的拟合度最为合适。在本研究中采用 Zero-based（BBC$_0$）标准进行模型探索。BBC（Browne – Cudeck Criterion）是指 Browne – Cudeck 标准，适用于比较多个模型，BBC 越小表示该模型较优。

根据 Burnham and Anderson（1998）的建议，将一个常数加到所有的BCC，以使得最小的 BBC 称为 0。BBC$_0$ 这个 0 的下标就是表示这个意义，并且他们认为判断的标准如表 4.20 所示[①]。

表 4.20　　　　　　　　　　模型设定探索的判断标准

BBC$_0$ 值	拟合度（此模型不是 K – L 最佳模型）
0 ~ 2	没有充分的证据显示此模型不能被视为次样本所代表的总体实际上 K – L 最佳模型（K – L Best）[②]。即模型与数据拟合较好
2 ~ 4	微弱的证据证明次模型不是 K – L 最佳模型
4 ~ 7	肯定的证据证明次模型不是 K – L 最佳模型
7 ~ 10	强烈的证据证明次模型不是 K – L 最佳模型
>10	非常强烈的证据证明次模型不是 K – L 最佳模型

根据上述的方法对设定模型进行探索，预先设定各个变量之间的关系，设

[①] Burnham, K. P., and D. R. Anderson. Model selection and inference: A practical information-theoretic approach, New York: Springer – Verlag, 1998.

[②] Kullback, S., and R. A. Leibler, On information and sufficiency. Annals of Mathematical Statistics, 1951., Vol. 22, p: 79 – 86.

定如图4.6所示。

经过 AMOS 的计算后得出拟合指标最优的模型，其中 χ^2 为359.97，自由度 Df 为81，χ^2/df 为4.44，其中 RMAEA 值为0.076，小于0.10，GFI、AGFI、CFI 分别为0.90、0.92、0.96，比较接近1，RMR 值为0.038，符合模型拟合要求，全模型路径图见下图4.6。该模型中，声誉资本对人力资本的影响最为显著，应该是人员的流动、区域内外贸易等带来的技术溢出，使得区域人力资本的增加非常显著。声誉资本对于技术创新的影响同样比较明显；流程资本却对技术创新的影响非常显著，对于人力资本并不显著，流程资本的测度为流通和交流机制，这可能为技术创新带来直接的作用，而对于人力资本的作用，并没有那么明显。制度资本对于人力资本和技术创新的作用均是显著，这可能跟我国现阶段个地区的市场化进度的差异有明显的关系，市场化进度高的地方，资源配置效率高的情况下，技术创新的驱动力就高，技术创新的效率也很高，而对于人力资本，由于市场化进程较快，人力资本的价值更能得到充分的体现，也就是说一定程度上大大的提高了该区域中个人积累人力资本的积极性，激励人们通过多种途径学习或培训来提高个人的人力资本存量，从而进一步提高了区域总体的人力资本。

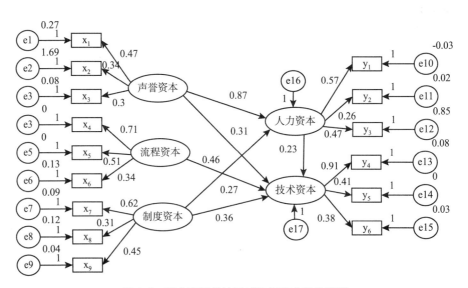

图 4.6 拟合度最优的区域知识资本结构模型

　　对于人力资本与技术创新之间的关系，前者对后者的解释作用非常显著，但对于技术创新对人力资本的影响却没那么明显，这是因为人力资本对于技术创新来说是基础，如果人力资本无论从数量还是质量都偏低的话，哪怕是引进的高新科技、最新理论，也难以消化吸收，更别说第二次创新了，毕竟二次创新在消化吸收的基础上，这就需要较高质量的人力资本的存在为前提。而技术创新，可能产生的新技能、科学知识等接受消化需要一定的时间以及高质量的人力资本，故传播的范围较小，因而技术创新对于人力资本的作用反而不明显。

4.5　本章小结

　　本章首先对我国 31 个省（区、市）区域知识资本中人力资本、技术创新、声誉资本、流程资本以及制度资本进行测算，人力资本从教育、医疗卫生以及社会保障三个角度出发，建立测度指标，并利用主成分分析，结合 2008 年度数据，对该年度各省份的人力资本值进行测算。同样，技术创新从创新投入、创新产出和创新环境三个视角出发，声誉资本从国际贸易和人员往来、国内贸易和区域品牌度三个方面，流程资本则从区域社会流通和流动、区域内社会沟通与交流机制和纸质信息流通机制三个方面，制度资本则从地区经济资源分配结构、非国有经济发展程度、对外开放程度三个方面，分别建立测度指标，而后进行主成分分析计算，从而测得我国 2008 年度各省（区、市）区域知识资本各个维度的值，并在对各个维度综合的基础上计算每个省市（区）最终的区域知识资本测算值。

　　其次，利用计算所得的值，进行省（区、市）之间的不均衡现状分析，不同的维度（人力资本、技术创新、声誉资本、流程资本、制度资本）在不同的省份之间分布也不同，而且在我国东部、中部和西部之间分布差异也十分明显。本书区域知识资本综合值的聚类分析也表明了这一特点，东部的区域知识资本要远远高于中部和西部，聚类分析表明，东部地区的大部分省份处于Ⅰ、Ⅱ类区域，也就是知识资本较高的区域，中西部的绝大多数均处在Ⅲ、Ⅳ或Ⅴ类区域。

最后对区域知识资本结构方程模型进行验证，利用1996~2008年度数据，以知识资本的五个维度作为潜在变量，利用结构方程软件进行分析，结果表明区域知识资本结构的组成拟合度比较好，同时利用AMOS17.0进行潜变量间最佳模型探索，在结构因素对内容因素的影响中，发现结构因素中的声誉资本对制度资本人力资本、技术创新起到显著的影响，而流程资本仅仅对技术创新资本的影响比较显著，对人力资本的影响并不显著；内容因素中两个维度（人力资本、技术创新能力）相互影响的检验中，人力资本对技术创新有显著影响，反过来却不显著。

第 5 章　区域知识资本与经济增长关系的实证分析

本章首先对区域经济发展不均衡的现象进行了统计分析，接着利用经济计量模型，通过单位根检验、协整分析、因果检验，分析区域知识资本各维度与经济增长、区域知识资本综合值与经济增长之间的关系，发现知识资本与区域经济增长之间存在着长期均衡的关系，并且前者是后者的格兰杰原因，在此基础上，对这两者之间进行曲线估计和多元回归分析，并得出相应的函数关系。最后通过对比区域知识资本差异现象及经济发展不均衡现状，提出了通过加强发展落后地区知识资本来解决区域经济发展不均衡现状的思路，本研究假设二（见第 1 章 1.3 节）得到了验证。

5.1　区域经济增长非均衡现状分析

从 20 世纪 80 年代开始，就有学者对区域经济增长非均衡的经济现象进行研究，做出了不少有价值、高水平的研究成果。对于我国区域经济非均衡现状的判断分析，目前采用较多的指标有区域间经济增长的总量差距、增长速度的差距、经济结构及经济发展条件的差距和区域间人均意义上的经济发展总体水平差距等，实际上经济结构、经济发展条件等方面的差距与经济增长总量应该是一种因果关系，因此，本书在研究目前区域经济增长非均衡现状时，主要采用的指标是人均区域生产总值、区域生产总值及其增长率、居民可支配收入等，同时采用锡尔系数来计算增长过程中的区域间差距情况。

5.1.1 区域经济增长差异的统计描述

5.1.1.1 区域人均国内生产总值（GDP）差异

从表5.1可以得出这样的结论，虽然不同地区的人均国内生产总值都在逐步提升，但不同地区增长幅度不一样，差距也呈扩大的趋势。对每一个地区分析，在这20多年内，人均国内生产总值取得较大的增幅，东部、中部和西部的年增长分别达到了16.3%、14.5%和15.0%。相对而言，东部地区的增长超过了中部和西部，后两者中，西部要略大于中部地区。

但是，表5.1中数据进一步显示，差距扩大的趋势在不同地区之间是十分明显。比如，在1985年，东部地区和西部地区的人均GDP的比例为1.99∶1，到1995年，扩大到2.37∶1，到2007年增大到2.54∶1，这是以西部为基准比较这两个地区的增长差距的拉大差距；但是中部和西部地区的人均GDP差距则在不断的减小，1985年，中部和西部的人均GDP比为1.26∶1，到1995年，减小至1.19∶1，到2000年，更是缩减至1.17∶1。东部和中部的差距也在呈拉大的趋势，1985年的时候，两者的人均GDP比为1.58∶1，1995年增大到1.99∶1，到了2007年，则增大到2.17∶1。

表5.1　　　　　　　　　　　东中西部地区人均GDP　　　　　　　　　单位：元

年份	东部	中部	西部	年份	东部	中部	西部
1986	1243	785	627	1997	9357	4848	3897
1987	1473	908	721	1998	10067	5151	4143
1988	1861	1097	901	1999	10726	5344	4307
1989	2081	1219	1019	2000	11830	5882	4628
1990	2233	1305	1157	2001	12867	6397	5036
1991	2600	1458	1309	2002	14204	6947	5522
1992	3232	1725	1532	2003	16448	7810	6248
1993	4343	2184	1915	2004	19414	9404	7454
1994	5746	2841	2472	2005	24129	10720	8994
1995	7207	3631	3044	2006	26841	12355	10554
1996	8360	4333	3546	2007	28357	13487	12063

注：数据根据《新中国五十五年统计资料汇编》、1987~2008年《中国统计年鉴》，按可比价格计算整理得出。

5.1.1.2 国内生产总值（GDP）增长率差异

从表 5.2 和图 5.1 可以得出，我国不同地区的人均国内生产总值呈稳步增长。多数地区在经过 20 世纪 80 年代的较大波动后，增长率在 90 年代逐渐步入正常上升的态势，优势是 90 年代的前 5 年，各个地区增长均是比较快，随即增长趋势变缓，因而 90 年代的后 5 年是经济增长的减速期。到 2002 年，几乎所有的地区以两位数的速率增长（中部地区为 9.6%）。尤其值得一提的是西部地区，在国家实施西部大开发战略以来，地区的经济得到飞速增长，在近些年来已经超过中部地区。总的来说，从各地区的平均增长速度来看，20 年来，尽管各地区的经济多取得了较快的增长，但增长的幅度有差异，东部地区要分别超过中部和西部地区 2.3 个和 2.6 个百分点。

表 5.2　　　　　　　　　　东中西部 GDP 增长速度　　　　　　　　单位：%

时间	东部	中部	西部	时间	东部	中部	西部
1986	8.4	6.5	6.8	1997	11.3	11.2	9.5
1987	13.1	9.7	9.0	1998	10.3	8.7	8.7
1988	13.5	9.0	10.3	1999	9.7	7.6	5.9
1989	3.9	4.2	4.1	2000	10.4	8.8	9.7
1990	5.7	4.4	6.6	2001	9.9	9.0	8.0
1991	12.0	5.9	8.5	2002	11.2	9.6	10.3
1992	18.5	12.7	12.3	2003	13.1	10.4	11.2
1993	19.4	13.9	12.5	2004	14.1	12.5	10.6
1994	16.5	13.0	11.2	2005	12.9	12.4	12.9
1995	14.0	12.0	10.2	2006	14.2	12.9	13.1
1996	12.8	11.7	9.7	2007	14.1	12.6	13.7

注：数据根据《新中国五十五年统计资料汇编》、1987～2008 年《中国统计年鉴》计算整理得出。

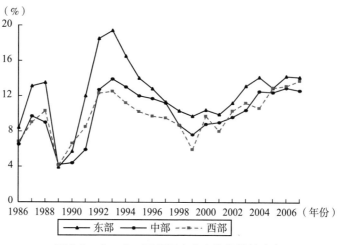

图 5.1　东、中、西部国内生产总值增长速度

5.1.1.3　可支配收入增长差异

（1）城镇居民可支配收入差距。

改革开放以前，无论是从相对数还是绝对数，城镇居民的人均可支配收入的差距多是很小，但从改革开放到现在，发生了很大的变化。1978～1995 年，东部、中部和西部的人均可支配收入分别增长了 7.6 倍、6.2 倍和 7.4 倍；把时间继续后延，到 2007 年年底，东中西部的人均可支配收入增长的幅度分别为 31 倍、24.6 倍和 27 倍。20 世纪 90 年代初期，东部地区的人均可支配收入比中部和西部高出了 37 个和 27 个百分点，可以说是脱颖而出；发展到 2007 年，差距更大，东部超出中西部的百分比更是达到 51% 和 54%。从绝对数值上来看，从 1992 年到 2007 年，东部地区的城镇居民的人均可支配收入增加幅度为 11931.43 元，中部和西部的增加幅度仅为 7680.03 元和 7339.49 元（见表 5.3）。

表 5.3　　　　　东、中、西部城镇居民家庭平均每人可支配收入

(1978 年、1992 年、2007 年)

年份	1978		1992		2007	
地区	绝对值（元）	西部为基数相对值	绝对值（元）	西部为基数相对值	绝对值（元）	西部为基数相对值
东部	354.10	1.24	3035.95	1.27	14967.38	1.54

年份	1978		1992		2007	
地区	绝对值（元）	西部为基数 相对值	绝对值（元）	西部为基数 相对值	绝对值（元）	西部为基数 相对值
中部	308.67	1.09	2222.25	0.93	9902.28	1.02
西部	284.20	1.00	2388.96	1.00	9728.45	1.00

注：数据根据历年《中国统计年鉴》整理得出。

（2）东、中、西部农民收入差距的扩大。

从改革开放到 1992 年，不同地区农村居民的收入有了较大幅度的提高。增幅最大的还是东部地区的农村居民，增长达到 8 倍；中部和西部地区农村居民的纯收入增长幅度也达到了 5 倍以上。但是需要指出的是，东部与中部和西部的农村居民收入的差距无论绝对值还是相对数均在不断扩大，1978 年，东部农村居民收入是中部和西部的 1.2 倍和 1.1 倍，到了 1992 年，扩大到 1.5 倍和 1.6 倍。1992 年到现在，东、中、西部的城乡差距在扩大的同时，东部和中、西部农村居民收入不断扩大的趋势并没有得到遏制，按农村家庭人均纯收入来比较，2007 年，东部是西部和中部的 1.7 倍和 2.2 倍（见表 5.4）。

表 5.4　　东、中、西部农村居民家庭人均纯收入（1978 年、1992 年、2007 年）

年份	1978		1992		2007	
地区	绝对值（元）	西部为基数 相对值	绝对值（元）	西部为基数 相对值	绝对值（元）	西部为基数 相对值
东部	131.37	1.08	1001.34	1.62	5656.43	2.20
中部	112.50	0.92	653.58	1.07	3359.14	1.30
西部	121.21	1.00	619.55	1.00	2575.73	1.00

资料来源：数据根据 1979~2008 年《中国统计年鉴》整理得出。

从上面的统计指标（城镇居民人均可支配收入和农村居民人均纯收入）的探析可以得出如下结论：首先，不同地区的收入水平差异的变动趋势与经济发展水平基本一致；其次，从绝对数来考虑，无论是农村居民的纯收入还是城镇居民的可支配收入，东部地区要显著高出其他两个地方，从增长的趋势来看，东部与其他地区的差距正在逐步扩大。

5.1.2 基于锡尔系数的区域经济增长差异测量

20 世纪 60 年代，锡尔在研究不同国家或地区的收入差距时，提出了锡尔系数的概念，就是用锡尔值表征不同国家之间的收入差距的总水平。其值为收入份额与人口份额的比值的对数，再赋予权数，进行加权求和即可，用公式可以表示为：

$$T = \sum_{i=1}^{n} y_i \log \frac{y_i}{p_i} \qquad (5.1)$$

其中：T 是锡尔系数；n 表示不同国家或地区的个数；y_i 代表第 i 个国家或地区的收入成数；p_i 是第 i 个国家或地区的人口成数。从式（5.1）可以看出，锡尔系数值越大，表明不同地区或国家之间的经济水平差异越大；反之，则说明经济发展水平在各国或地区之间越小。锡尔值的一个很大的优势在于它可以将不同区域间的经济水平差异分解成为两个不相关的部分，就是组间差距和组内差距，这样为分析并揭示不同组间的差异和各自组内的差异，研究这些差异变动的方向和幅度，同时还可以明确不同地区在总的差异中的重要性。在本研究中，用锡尔系数的总值可以分析我国 31 个省市区总体的经济发展差异程度，还可以用它来分析东中西部之间的差异可东中西部各自内部省份之间的差异，用公式可以表示为：

$$T = T_1 + T_2 = \sum_{i=1}^{3} y_i \log \frac{y_i}{p_i} + \sum_{i=1}^{3} y_i \sum y_{ij} \log \frac{y_{ij}}{p_{ij}} \qquad (5.2)$$

其中，T_1、T_2 分别表示区域间和区域内的锡尔系数，i = 1，2，3 各自表示东部、中部和西部的经济区域；j 表示各自区域内部的省份；y_i 表示第 i 区域国内生产总值占全国生产总值的比例；y_{ij} 是第 j 省在第 i 个区域中（东中西不三个区域）国内生产总值的比例；p_i 作为第 i 内人口的份额的比例，p_{ij} 作为 j 省在第 i 区域内的人口份额值；式中的第一项表明东中西部的经济差异，第二项表示这三个区域内部各省经济差异的加权和。

根据东中西部的 GDP 占全国 GDP 的比例的多少，以及这三个区域人口数占全国人口的比例，再计算不同区域内部的各个省份的国内生产总值和人口数占本区域的比例的大小，对照图5.1中的计算公式，分别计算东部、中部和西部这三个区域间的经济差异以及各个区域内部各省份之间的差异，在此基础上，我们可以得出各区域经济发展差异的锡尔系数，具体见表5.5，并将其绘制为图5.2。

表 5.5　　　　　　　　1986～2007 年东、中、西部锡尔系数

年份	区域内锡尔系数 INTHEIL	区域间锡尔系数 AMTHEIL	总锡尔系数 AGGTHEIL
1986	0.0259	0.0179	0.0438
1987	0.023	0.0196	0.0426
1988	0.0204	0.0213	0.0417
1989	0.0182	0.0219	0.0401
1990	0.0181	0.0234	0.0415
1991	0.0188	0.0255	0.0443
1992	0.0186	0.0277	0.0463
1993	0.0189	0.0289	0.0478
1994	0.0181	0.0303	0.0484
1995	0.0166	0.0325	0.0491
1996	0.0168	0.0328	0.0496
1997	0.0173	0.0336	0.0509
1998	0.0183	0.0345	0.0528
1999	0.0185	0.0347	0.0532
2000	0.0181	0.0359	0.0540
2001	0.0180	0.0359	0.0539
2002	0.0180	0.0359	0.0539
2003	0.0177	0.0392	0.0569
2004	0.0174	0.0403	0.0577
2005	0.0176	0.043	0.0606
2006	0.0167	0.0489	0.0656
2007	0.0168	0.0492	0.0660

注：数据来源1987～2008 年中国统计年鉴和地方统计年鉴，并经过整理

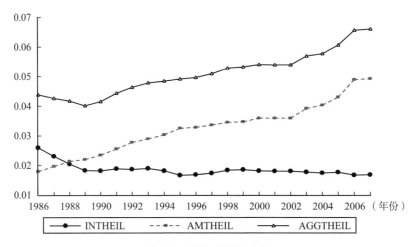

图 5.2　锡尔系数值曲线

表5.5 的数据以及图5.3 的曲线趋势表明，东部、中部和西部区域中，每个区域内部各省份之间的差异程度呈不断减小的趋势，但是不同的区域之间的差异程度却呈不断扩大的趋势。由于后者不断扩大的趋势，使不同区域发展的总差距不断增大，表现为锡尔系数越来越大。实际上，在一个区域内，不同省份之间的自然条件相近、地理位置毗邻，历史基础和经济环境等因素基本上也差不多，在统一的政策影响下，不同省份之间的经济联系不断加强，互相之间的带动作用十分明显，结果是使统一区域内的各省份之间的差距不断缩小。对于相对落后的西部省份，在缩小区域内省份差距的同时，更是由于政策的倾斜性，使其经济得到快速发展，也缩小了与先进省份之间的差距。从大范围来说，各个区域之间，由于政策的区域性差别，东部地区在改革开放初期获得了一定的先发优势，积累了良好的基础，最终使得该区域经济发展非常之快，进一步拉开了与其他两个区域的差距，而且趋势在不断地扩大。

5.2　区域知识资本各维度对经济增长影响的实证分析

——以江苏省为例

为了分析区域知识资本与经济增长之间的关系，进一步探讨知识资本对区域经济发展失衡的影响，同时考虑数据的可获得性、科学性、可靠性，结合本书第 4 章区域知识资本内容组成分析的情况，在此选择江苏省为例，利用该省的统计数据，对这两者之间的关系进行实证分析。

5.2.1　变量设定、数据来源及处理

本节涉及的变量有区域知识资本中人力资指数（HC）、技术创新指数（TC）、声誉资本（MC）、流程资本（PC）、制度资本（SC）五个维度和人均地区国民生产总值（RJGDP）。

知识资本中的五个维度各自所包含的测度指标与本书第 4 章分析的一致，在此不再赘述。由于知识资本中的重要指标如因特网用户数、移动电话用户数及其交换机容量等只在 1992 年以后才有统计，为了分析的完整，故时间区段取为 1992~2007 年。所有数据来源于 1993~2008 年《江苏统计年鉴》《中国统计年鉴》《中国科技统计年鉴》以及《中国劳动统计年鉴》《中国出版年鉴》等。数据的形式为时间序列数据，对于获得数据进行以下处理。

（1）可比性处理。对于经济增长指标人均国民生产总值，在每年人均 GDP 现值的基础上，以 1978 年为基准进行价格缩减，使其具有可比性，其他属于经费项目，如人均教育支出费、技术创新投入、外商直接投资等也作同样处理（单位为美元的，则以当年人民币与美元之间的平均汇率先换算成人民币）。

（2）数据的标准化处理。由于各个维度均是要进行综合，因而综合前对数据进行标准化处理，标准化方式采用极值法，即 $(X_i - X_{min})/(X_{max} - X_{min})$ 的方式，这样处理便于综合，同时还可以使综合值避免出现负值，以利于后续的分析；

（3）综合的权数处理。根据本书第 4 章的主成分分析所得权数便是在综合各个测度指标时所用的权数，实际上江苏省也是在本书第 4 章主成分分析中的一个样本，采用该权数，不失其客观性。

（4）较少的部分缺失数据，利用趋势内插法来进行设定。如国内贸易，采用社会消费品零售总额、工业产品销售率、货物和服务尽流出量、限额以上批发和零售业商品购进总额和限额以上批发和零售业商品销售总额五个测度，从 1993~2008 年江苏统计年鉴、中国统计年鉴等进行查询，其中缺乏 1994 年

的数据，便按此方式处理。另外，因特网用户数在 1994 年统计值为 0.01 万用户，1992~1993 年并没有统计，因而在此阶段指定为 0；对于职业指导人数，在 1996 年以后只统计了职业指导机构数（《中国统计年鉴》1992~1996 年），因此对于人员按趋势法进行估计得出。

（5）对于部分测度指标为逆向数据，如工业产品质量损失率等，则采用该值的倒数形式来表示。

从表 5.6 的中计算所得数据来看，1992~2007 年，无论知识资本中的人力资本、技术创新、声誉资本、流程资本和制度资本指数，还是人均地区生产总值，均在快速增长，人力资本指数值从 1992 年的 1.18730 到 2007 年的 2.36910，增长了一倍，这得益于教育经费总量的不断增加、医疗卫生和社会保障的不断投入、高等教育的扩招等因素。技术创新资本和声誉资本增加到原来的 264% 和 246%，尤其是流程资本和制度资本，分别增加了 3.57 倍和 84.58 倍以上。这实际上与我国近 20 年来，以交通运输、电信通信等基础设施大力投入建设有关，以及进行经济体制改革，使市场化进程大大提高。而这些投入，也进一步促成了国民经济以每年超两位数增长这一现象，而人均地区生产总值从 1992 年的 3106 元提升到 2007 年的 33928 元，整整增加了 10 倍（见表 5.6）。

表 5.6　　　　　　1992~2007 年江苏省区域知识资本指数与人均 GDP

年份	人力资本（HC）	技术创新（TC）	声誉资本（MC）	流程资本（PC）	制度资本（SC）	人均 GDP（RJGDP）
1992	1.18730	0.72780	0.72020	0.97690	0.02890	3106
1993	1.24910	0.77520	1.05450	1.01040	0.19460	4321
1994	1.29230	0.82040	1.18430	1.12330	0.24870	5801
1995	1.36040	0.81140	1.20350	1.25580	0.27620	7319
1996	1.38990	0.90210	1.23190	1.34010	0.41290	8471
1997	1.44500	0.98430	1.19880	1.41720	0.50640	9371
1998	1.61870	1.02550	1.21330	1.32750	0.56390	10049
1999	1.72360	1.10780	1.20460	1.43370	0.71400	10695
2000	1.57580	1.24320	1.17140	1.52560	0.91670	11765

续表

年份	人力资本 （HC）	技术创新 （TC）	声誉资本 （MC）	流程资本 （PC）	制度资本 （SC）	人均 GDP （RJGDP）
2001	1.81620	1.31380	1.16920	2.70790	1.11670	12882
2002	1.69480	1.35000	1.22660	2.74540	1.15310	14396
2003	1.92940	1.41960	1.30140	2.63010	1.31920	16830
2004	1.93710	1.59360	1.42140	2.24890	1.54730	20223
2005	2.12150	1.70060	1.49620	2.63870	1.72010	24560
2006	2.19010	1.83850	1.54740	2.83170	2.00370	28814
2007	2.36910	1.92045	1.77190	3.48480	2.44450	33928

通过利用计量经济软件 Eviews5.0 处理，得到人力资本、技术创新、声誉资本、流程资本、制度资本以及人均地区生产综合值的变动趋势图（见图5.3），可以明显看出这几个变量的增长均明显呈现指数变化的趋势，为了避免时间数列的指数变动趋势对拟合效果的干扰，本研究对各个时间序列变量取对数，形成的对数序列分别记为 LNHC、LNTC、LNMC、LNPC、LNSC 和 LNRJG-DP，从各个序列取对数后的变动趋势图可以看出，以上的几个变量对数序列的增长呈现较为明显的线性变动趋势（见图5.4）。

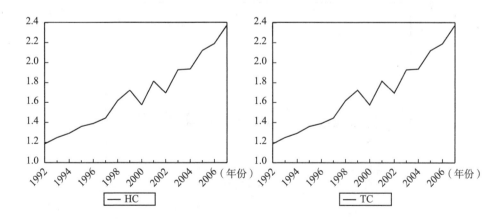

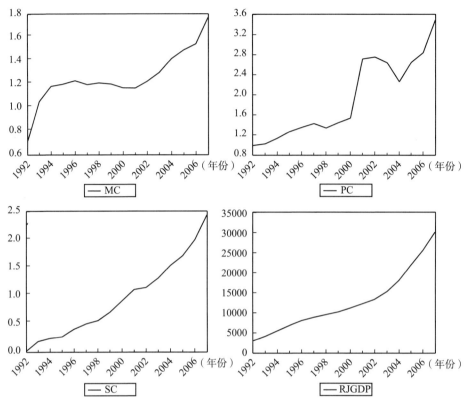

图 5.3　江苏省 1992～2007 年区域知识资本各维度以及人均 GDP 变动趋势

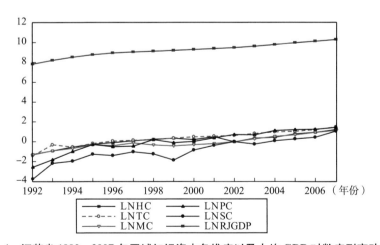

图 5.4　江苏省 1992～2007 年区域知识资本各维度以及人均 GDP 对数序列变动趋势

5.2.2　知识资本内容因素与经济增长

5.2.2.1　区域人力资本与经济增长的实证

由于经济领域的时间序列通常表现为非平稳过程，导致在对变量之间进行回归分析时，常常出现虚假回归（spurious regression）问题，即虽然可以得到一个统计上显著的回归函数，但是这种关系却是虚假的。原因在于建立时间序列回归模型的前提是序列必须是平稳的，其期望值和方差随时间的变化而变化，那么，用非平稳序列建立回归模型时，容易产生虚假回归问题，因此在建立计量分析模型前，必须进行变量序列的平稳性检验。

（1）时间序列单位根检验。

如果一个时间序列的期望值和方差是稳定的，就可以称为稳定的时间序列。反之，如果其期望值和方差函数随时间的变化而变化，那么这个序列就是一个非稳定的时间序列。经济领域的时间序列一般都是非稳定的。

如果一个序列 $\{y_t\}$，经过 d 次差分之后才可以变为一个平稳序列，而这个序列差分 d-1 次时，仍为非平稳的过程，那么称序列 $\{y_t\}$ 为 d 阶单整序列，记为 $y_t \sim I(d)$。

检验序列平稳性的方法称为单位根检验。常用的单位根检验方法有 ADF 检验、PP 检验 KPSS 检验和 NP 检验等，本研究中主要采取 ADF 单位根检验的方式。

ADF 检验（augmented Dichey – Fuller Test）方法是 Dichey D. A.，Fuller W. A.（1979，1981）提出的，在回归方程右边加入因变量 y_t 的滞后差分项，从而控制高阶序列相关的一种序列单整检验方法。ADF 检验的回归方程有三种：

$$\Delta y_t = (\rho - 1)y_{t-1} + \sum_{i=1}^{p} \beta_i \Delta y_{t-i} + u_t(t = 1, 2, \cdots, T) \tag{5.3}$$

$$\Delta y_t = (\rho - 1)y_{t-1}\alpha + \sum_{i=1}^{p} \beta_i \Delta y_{t-i} + u_t(t = 1, 2, \cdots, T) \tag{5.4}$$

$$\Delta y_t = (\rho - 1)y_{t-1} + \alpha + \delta t + \sum_{i=1}^{p} \beta_i \Delta y_{t-i} + u_t(t = 1, 2, \cdots, T) \tag{5.5}$$

式（5.3）表示回归方程无截距项和趋势项，式（5.4）表示只有截距项，式（5.5）表示含有截距项和时间趋势项。

ADF 检验的原假设为：$H_0: \rho = 1$，备择假设为：$H_0: \rho < 1$。在给定的置信水平下，如果 ADF 值大于临界值，则接受 H_0，意味着变量时间序列 y_t 含有一个单位根，即 y_t 是非平稳的；否则，则拒绝 H_0，说明 y_t 是平稳序列。

图 5.3 显示，LNRJGDP 和 LNHC 的变动趋势均表现出时间趋势和截距项。因此，设定序列存在趋势项和截距项，运行 EVIEWS5.0，对序列 LNRJGDP、LNHC 及其一阶差分和二阶差分进行 ADF 检验，检验结果见表 5.7 和表 5.8。

表 5.7　　　　　　　　LNHC 及其差分序列的 ADF 单位根检验

	LNHC			ΔLNHC			Δ^2LNHC		
P 值	0.966			0.004			0.003		
t 值	−0.26			−8.58			−4.89		
α 水平	0.01	0.05	0.10	0.01	0.05	0.10	0.01	0.05	0.10
临界值	−4.00	−3.10	−2.69	−4.05	−3.10	−2.69	−4.12	−3.14	−2.71

注："Δ"表示序列一阶差分；"Δ^2"表示二阶差分。以下各表的符合均与此相同。

从表 5.7 可以看出，对序列 LNHC 进行 ADF 检验的统计量值为 −0.26，大于 10% 显著性水平下的临界值 −2.69，在 10% 的显著性水平下也不能拒绝原假设，说明其为非平稳序列；对其一阶差分序列 ΔLNHC 进行 ADF 检验的统计量值为 −8.58，小于 5% 显著性水平的临界值，而大于 1% 显著性水平的临界值，说明在 5% 的显著性水平下，可以拒绝原假设，可以得出其一阶差分序列在 5% 的显著性水平下是平稳的结论。通过 ADF 单位根检验说明：在 5% 的显著性水平下，序列 ΔLNHC 是一阶单位根过程。

表 5.8　　　　　　　　LNRJGDP 及其差分序列的 ADF 单位根检验

	LNRJGDP			ΔLNRJGDP			Δ^2LNRJGDP		
P 值	0.998			0.033			0.477		
t 值	1.55			−3.34			−1.55		
α 水平	0.01	0.05	0.10	0.01	0.05	0.10	0.01	0.05	0.10
临界值	−4.00	−3.10	−2.69	−4.00	−3.10	−2.70	−4.06	−3.12	−2.70

从表5.8可以看出，对序列 LNRJGDP 进行 ADF 检验的统计量的值为 1.55，大于 10% 显著性水平下的临界值 −2.69，在 10% 的显著性水平下不能拒绝原假设，说明其为非平稳序列；对其一阶差分序列 ΔLNRJGDP 进行 ADF 检验的统计量值为 −3.34，小于 5% 显著性水平下的临界值，可以在 5% 的显著性水平下拒绝原假设，说明其一阶差分序列在 5% 的显著性水平下是平稳的。通过 ADF 单位根检验说明：在 1% 的显著性水平下，序列 LNRJGDP 是一阶单位根过程。

（2）变量关系协整检验。

在实际研究中，尽管多数经济时间序列都是非平稳的，然而这些非平稳的经济序列的某种线性组合却有可能是平稳序列，说明这些经济变量的时间序列可能存在均衡关系。具有上述属性的时间序列之间具有协整关系。协整概念是格兰杰（Granger，1981，1983）提出的，它是理解经济变量存在长期均衡关系的基础。

Johansen 协整检验是 Johansen（1988，1990，1991，1995）等提出的一种以 VAR 模型为基础的检验回归系数的方法，是一种进行多变量协整检验的较好的方法。

对于 k 个时间序列组成的向量 $y_t = (y_{1t}, y_{2t}, \cdots, y_{kt})'$，$t = 1, 2, \cdots, T$ 的协整关系定义如下：如果：

①$y_t \sim I(d)$，要求 y_t 的每个分量 $y_{it} \sim I(d)$；

②存在非零向量 β，使 $\beta' y_t \sim I(d-b)$，$0 < b \leqslant d$。

则称 k 维向量 y_t 的分量间为 d，b 阶协整，记为 $y_t \sim CI(d, b)$。简称为 y_t 是协整的，向量 β 又称为协整向量。

对于 k 维向量 y_t，最多可能存在 $k-1$ 个线性无关的特征向量，如果 y_t 的特征向量组成的矩阵为 A，则矩阵 A 的秩为 $r = r(A)$，那么 $0 \leqslant r \leqslant k-1$。

JJ（Johansen – Juselius）检验有特征根迹检验（trace 检验）和最大特征值检验两种检验方式。

第一，特征根迹检验（trace 检验）。

由 r 个最大特征根可得到 r 个协整向量，而对于其余的 $k-r$ 个非协整组合来讲，$\lambda_{r+1}, \lambda_{r+2}, \cdots, \lambda_k$ 应该为零。于是特征根迹检验（trace 检验）原假设、备选假设为：

$$H_{r0}: \lambda_r > 0, \ \lambda_{r+1} = 0$$

$$H_{r1}: \lambda_{r+1} > 0, \ r = 0, \ 1, \ \cdots, \ k-1$$

相应的检验统计量为：

$$\eta_r = -T \sum_{i=r+1}^{k} \ln(1 - \lambda_i) \tag{5.6}$$

假定某一显著性水平下 Johansen 分布临界值为某一数，当 η_0 值小于该数时，则接受 $H_{00}(r=0)$ 这一假设，表明有 k 个单位各，协整向量的个数为零，也就是不存在协整关系。而当 η_0 大于该数时，拒绝 $H_{00}(r=0)$ 这一假设，也就是说至少存在一个协整向量，故必须接着检验 η_0 的显著性如何。

当 η_0 检验后不显著，则接受 H_{10} 这一假设，说明所有变量之间只有一个协整向量，然后依次检验下去，直到直到接受 H_{r0} 这样的假设，说明存在 r 个协整向量，这里验证得出的 r 个协整向量，实际上就是对应最大的 r 个特征根正规化后的特征向量。

第二，最大特征值检验。

最大特征根检验的原假设、备选假设为：

$$H_{r0}: \lambda_{r+1} = 0$$

$$H_{r1}: \lambda_{r+1} > 0$$

检验统计量是建立在最大特征值基础上的，其表现形式为：

$$\xi_r = -T\ln(1 - \lambda_{r+1}), \ r = 0, \ 1, \ \cdots, \ k-1 \tag{5.7}$$

其中，ξ_r 作为最大特征根，简单记录为 $\lambda - max$ 统计量。检验顺序是从下往上进行，第一次检验 ξ_0，如果 ξ_0 小于临界值，接受 H_{00}，表明最大特征根为 0，无协整向量；0 大于临界值，拒绝 H_{00}，表明至少存在 1 个协整向量。

如果拒绝 H_{00}，则接受 H_{01}，至少有 1 个协整向量；如果检验得出 ξ_1 显著，那么就拒绝 H_{10}，接受另一个备择 H_{11}，也就是存在至少 2 个协整向量。然后依次进行检验，直到接受 H_{r0}，则说明共有 r 个协整向量。

第三，协整方程的形式。

协整方程可以包含截距和确定性趋势，Johansen（1995）提出对于模型：

$$\Delta y_t = \prod y_{t-1} + \sum_{i=1}^{p-1} \Gamma_i \Delta y_{t-i} + BX_t + \varepsilon_t \tag{5.8}$$

其中，$\prod = \sum_{i=1}^{p} A_i - I$，$\Gamma_i = -\sum_{j=i+1}^{p} A_j$，可能出现如下几种情况：

①序列 y_t 没有确定性趋势，协整方程没有截距：

$$\prod Y_{t-1} + BX_t = \alpha\beta' y_{t-1} \tag{5.9}$$

②序列 y_t 没有确定性趋势，协整方程有截距：

$$\prod y_{t-1} + BX_t = \alpha(\beta' Y_{t-1} + \rho_0) \tag{5.10}$$

③序列 y_t 有确定性线性趋势，协整方程只有截距：

$$\prod y_{t-1} + BX_t = \alpha(\beta' y_{t-1} + \rho_0) + \alpha_\perp \gamma_0 \tag{5.11}$$

④序列 y_t 和协整方程都有确定性线性趋势，协整方程的线性趋势表示为 $\rho_1 t$：

$$\prod y_{t-1} + BX_t = \alpha(\beta' y_{t-1} + \rho_0 + \rho_1 t) + \alpha_\perp \gamma_0 \tag{5.12}$$

⑤序列 y_t 有二次趋势，协整方程仅有线性趋势：

$$\prod y_{t-1} + BX_t = \alpha(\beta' y_{t-1} + \rho_0 + \rho_1 t) + \alpha_\perp (\gamma_0 + \gamma_1 t) \tag{5.13}$$

根据协整理论，只有当变量时间序列是同阶单整时，才可以进行协整分析。根据单位根检验的结果，序列 LNRJGDP、LNHC 均为一阶单整，符合协整分析的前提条件。并且2个序列均呈现明显的线性趋势，所以选择式（5.12）的协整方程进行协整检验。

在表5.9的计算结果可以看出，在迹统计检验中，迹统计量28.91946，大于5%的水平临界值15.82711（r = 0假设），而在 r ≤ 1 的假设中，统计量小于临界值；在最大特征量统计检验时，在 r = 0 的假设中，22.11033 > 19.38704，p = 0.019，拒绝了原假设；在 r ≤ 1 的假设中，6.80913 < 12.5198，p = 0.365，接受该假设。这表明人力资本与人均 GDP 这两个变量的对数序列存在着协整关系。

表5.9　　　　　　　　　LNRJGDP 与 LNHC 之间的协整关系检验

迹统计量检验（Trace 值）			
假设协整关系	特征值	Trace 统计量	5% 水平的临界值	P 值
r = 0 *	0.793883	28.91946	15.87211	0.020
r ≤ 1	0.385114	6.809133	12.51798	0.0365

续表

最大特征值统计量检验（Maximum Eigenvalue）				
假设协整关系	特征值	最大特征值统计量	5%水平的临界值	P值
r = 0*	0.793883	22.11033	19.38704	0.019
r ≤ 1	0.385114	6.80913	12.51798	0.365

（3）LNRJGDP、LNHC 之间因果关系检验。

协整检验结果可以发现变量之间是否存在长期的均衡关系，但是这种关系是否构成因果关系还需要进一步验证。为了进一步验证 LNRJGDP 与 LNHC 是否构成因果关系，利用格兰杰因果关系检验（Granger Causality Test）作进一步的验证。

格兰杰因果关系检验就是由格兰杰（Granger）提出，希姆斯（Sims）推广的如何检验变量之间因果关系的方法。格兰杰认为 x 是否引起 y 的变化，主要得看现在的 y 能够在多大程度上被后期的 x 解释，也就是说加入 x 的滞后值后，是否使解释程度得以提高。如果 x 在 y 的预测中有显著的贡献，或者 x 与 y 的相关系数在统计上显著时，便认为"y 是由 xGranger 引起的"。

考虑对 y_t 进行 s 期预测的均方误差：

$$MSE = \frac{1}{s} \sum_{i=1}^{s} (\hat{y}_{t+i} - y_{t+i})^2 \tag{5.14}$$

可以得出格兰杰因果关系的数学语言描述：如果关于所有的 s > 0，基于（y_t，y_{t-1}，…）预测 y_{t+s} 得到的均方误差，与基于（y_t，y_{t-1}，…）和（x_t，x_{t-1}，…）得到的 y_{t+s} 的均方误差相同，则 y 不是由 xGranger 引起的。对于线性函数，若有：

$$MSE[\hat{E}(y_{t+s}|y_t, y_{t-1}, \cdots)] = MSE[\hat{E}(y_{t+s}|y_t, y_{t-1}, \cdots, x_t, x_{t-1}, \cdots)] \tag{5.15}$$

可以得出结论：x 不能 Granger 引起 y。即如果式（5.21）成立，则称 x 对于 y 是外生的。换句话说，就是 x 关于未来的 y 无线性影响信息。

可以将上述结果推广到 k 个变量 VAR（p）模型中去，考虑对模型（5.22），利用从 t−1 至 t−p 期的所有信息，得到 y_t 的最优预测如下：

$$y_t = \hat{A}_1 y_{t-1} + \cdots + \hat{A}_p y_{t-p} + \hat{\varepsilon}_t \tag{5.16}$$

其中，$t = 1, 2, \cdots, T$，VAR(p) 模型中格兰杰因果关系检验如同检验两变量一样，可以判断变量间是否存在过去的相互影响。这个因果检验实际上就是两变量情形的推广，但是对多个变量的组合必须要给出如下的系数约束条件：在多变量 VAR(p) 模型中不可能存在 y_{jt} 到 y_{it} 的格兰杰因果关系的必要条件为：

$$\hat{a}_{ij}^{(q)} = 0, \quad q = 1, 2, \cdots, p$$

其中，$\hat{a}_{ij}^{(q)}$ 是 $\hat{A}_q$ 的第 i 行第 j 列元素。

格兰杰因果检验，就其实质而言，是检验一个滞后变量对其他的变量有没有解释的作用，也就是引入到其他变量方程中。如果一个变量受到其他变量的后期的影响，那么就认为这两个变量之间有格兰杰因果关系。

判断格兰杰因果关系的直接方法是利用 F 值来检验下述联合检验：

$$H_0: a_{12}^{(q)} = 0, \quad q = 1, 2, \cdots, p$$

$$H_1: \text{至少存在一个 } q, \text{ 使 } a_{12}^{(q)} \neq 0$$

其统计量值为：

$$S_1 = \frac{(RSS_0 - RSS_1)/p}{RSS_1/(T - 2p - 1)} \sim F(p, \ T - 2p - 1)$$

如果存在 S_1 大于 F 的临界值这一现象，那么拒绝原来假设，如果不存在，那么接受原假设，x 是不可能格兰杰引起 y。

格兰杰指出，如果变量之间是协整的，那么至少存在一个方向上的格兰杰原因；在非协整情况下，任何原因的推断将是无效的。鉴于前文对 LNRJGDP 和 LNHC 之间的关系进行的讨论结果表明，两个对数时间序列之间存在协整关系，因此，运行 EIVIEWS5.0，选择滞后阶数为 2，显著性水平为 5%，进行格兰杰因果关系检验，检验结果见表 5.10。

表 5.10　　　　　　　LNHC 与 LNRJGDP 的因果关系检验结果

因果关系假定	滞后期数	F 值	P 值	结论
LNRJGDP does not Granger Cause LNHC	2	1.84443	0.21315	接受
LNHC does not Granger Cause LNRJGDP		5.57399	0.02661	拒绝

注：统计量的 P 值为检验的概率值，若 P 值小于 0.05，表示因果关系在 5% 的显著性水平下成立，若 P 值小于 0.1，表示因果关系在 10% 的显著性水平下成立；反之，因果关系不成立，后文一样，不再赘述。

由表 5.10 可知，当显著性水平为 5%，滞后 2 期时 LNRJGDP 不是 LNHC 的格兰杰原因，LNHC 是 LNRJGDP 的原因。江苏省人力资本综合值是人均 GDP 的原因。总体来说，江苏省的人力资本综合值较高的发展水平促进了江苏省经济的增长，这和江苏省经济发展现状影响因素的大量文献的定性分析是一致的。

（4）回归模型建立。

利用 SPSS 对 LnRJGDP 和 LnHC 进行回归分析，利用曲线估计，比较不同曲线拟合时的 R^2 值以及显著性检验值，发现看出二次函数曲线的拟合优度最好，因此 LnRJGDP 和 LnHC 之间的关系选择二次函数来进行回归分析，并得到相应的函数关系式。

表 5.11 江苏省人力资本 LNHC 与 LNRJGDP 的回归分析

函数类别	模型估计				参数估计			
	R Square	F	df1	df2	Sig.	Constant	b1	b2
二次函数	0.938	99.179	2	13	0.000	−45.648	14.518	−0.941

具体模型为：

$$\ln Y = -45.648 + 14.518\ln X - 0.941(\ln X)^2 \qquad (5.17)$$

其中，Y 代表人均 GDP，X 代表江苏省人力资本。

（5）结论。

人力资本在经济增长中的作用已经受到普遍关注和高度重视，但迄今为止，对人力资本的量化估算问题仍进展有限，尤其是在一个时间序列上评估和量化区域的人力资本。实践中大量地采用平均受教育年限、入学率等基于教育成果的替代指标，虽然操作简便但不同指标间数据水平差异较大，一定程度上导致后续研究结论的不确定性。也有不少学者尝试从收入角度来观察，近期的如朱平芳等（2007），但这类研究大多基于强假设，并且所需要的基础数据也部分地依赖于各种估算，操作性相对较弱。钱雪亚等初期主张依据人力资本投资估算人力资本，并就相关方法做过较系统的研究（见参考文献［141］），但由于没有从根本上解决人力资本折旧问题及人力资本投资价格调整问题，估算仍十分粗浅，到后来又从折旧、价格指数等方面进行了调整，得到较为客观的投资值，并且在时间序列上具有一定的可比性（钱雪亚，2008），但是衡量一个区域的人力资本价值，远远不是教育投入这一因素那么简单，还有健康投入，受教育人口、社会保障投入等。笔者在本章中采用了折旧、价格指数等对人力资本的教育投入、健康投入、社会保障进行可比计算，同时还加入受教育人口比例等因素，利用了主成分进行综合计算江苏省 1992～2007 年的人力资本综合值的时间序列。从而为更客观地比较不同时期的综合人力资本提供了基础。

在进行人力资本综合值与区域经济增长之间进行分析后得出，人力资本对江苏省的经济增长显得非常显著，而且不是简单的线性关系，是二次函数的关系，人力资本的提升，对经济的增长有一个指数放大的作用。江苏省近十几年的经济发展，人力资本的积累起着非常显著的作用，近几年来外商直接投资、技术的引进、中外合资企业的飞速发展，如果没有人力资本优势，技术的吸收、消化乃至进一步的创新多无从谈起，人力资本为江苏经济的持续发展提供了有力的基础。

5.2.2.2　区域技术创新能力与经济增长的回归实证分析

（1）区域技术创新能力与经济增长指标的平稳性检验及协整分析。

根据上节的分析，在此同样对技术创新进行平稳性检验，以避免伪回归的发生而最终结果的错误，在图 5.3 中可以看出 1992～2007 年江苏省技术创新资本并不是一个稳定的时间序列。为了进一步确认平稳与否，下面对这个时间序列进行定量检验，即对变量 LNTC 的平稳性进行 ADF 检验。

从表 5.12 可以看出，对序列 LNTC 进行 ADF 检验的统计量值为 −2.38，大于 10% 显著性水平下的临界值 −4.06，在 10% 的显著性水平下也不能拒绝原假设，说明其为非平稳序列；对其一阶差分序列 ΔLNTC 进行 ADF 检验的统计量值为 −14.557，小于 5% 显著性水平的临界值，说明在 5% 的显著性水平下，可以拒绝原假设，可以得出其一阶差分序列在 5% 的显著性水平下是平稳的结论。通过 ADF 单位根检验说明：在 5% 的显著性水平下，序列 LNTC 是一阶差分的平稳序列，及 I（1）序列。

表 5.12   LNTC 及其差分序列的 ADF 检验

	LNTC			ΔLNTC			Δ^2LNTC		
P 值	0.980			0.001			0.018		
t 值	0.76			− 3.96			− 3.83		
α 水平	0.01	0.05	0.10	0.01	0.05	0.10	0.01	0.05	0.10
临界值	− 4.06	− 3.12	− 2.70	− 4.06	− 3.12	− 2.70	− 4.20	− 3.18	− 2.73

由前文的分析可知，LNRJGDP 与 LNTC 均为非平稳序列，经过一阶差分后为平稳序列，即这两个序列均为一阶差分序列，因而可以进行协整分析。

表 5.13   LNTC 与 LNRJGDP 之间协整关系检验

协整检验方法 1：迹统计量检验（Trace 值）				
假设协整关系	特征值	Trace 统计量	5% 水平的临界值	P 值
r = 0*	0.721625	18.48957	15.49471	0.017
r ≤ 1	0.041031	0.586549	3.81466	0.444
协整检验方法 2：最大特征值统计量检验（Maximum Eigenvalue）				
假设协整关系	特征值	最大特征值统计量	5% 水平的临界值	P 值
r = 0*	0.721625	17.90302	14.26460	0.013
r ≤ 1	0.041031	0.586549	3.841466	0.443

在表 5.13 的计算结果可以看出，在进行两种方式的检验中，迹统计量 18.48957，大于 5% 的水平临界值 15.49471（r = 0 假设），而在 r ≤ 1 的假设中，统计量小于临界值，表明两个序列之间存在协整关系；在最大特征量统计检验时，在 r = 0 的假设中，17.903020 > 14.26460，p = 0.013，拒绝了该假设，而在 r ≤ 1 的假设中，3.841466 > 0.586549，p = 0.443，接受该假设，同样也表明这两者之间存在着协整关系。

（2）因果关系检验。

由表 5.14 可以看出，当显著性水平为 5%，滞后 2 期时 LNRJGDP 不是 LNTC 的格兰杰原因，LNTC 则是 LNRJGDP 的格兰杰原因。江苏省技术创新资本综合值是人均 GDP 增长的原因。总体来说，江苏省的技术创新资本综合值较高的发展水平促进了江苏省经济的增长。

表 5.14　　　　　　　　LNTC 与 LNRJGDP 的因果关系检验

因果关系假定	滞后期数	F 值	P 值	结论
LNRJGDP does not Granger Cause LNTI	2	0.95728	0.41982	接受
LNTI does not Granger Cause LNRJGDP		5.11479	0.03283	拒绝

（3）回归模型建立。

用 SPSS 做人均 GDP 和技术创新对数序列回归分析（见表 5.15）。曲线估计比较分析发现二次函数曲线的拟合优度最佳，因此人均 GDP 和技术创新资本之间的关系选择二次函数来进行回归分析，其函数表达式见式（5.18）。

表 5.15　　　　　　　LNTC 与 LNRJGDP 之间的回归分析

函数类别	模型估计				参数估计			
	R Square	F	df1	df2	Sig.	Constant	b1	b2
二次函数	0.979	305.729	2	13	0.000	−51.240	11.600	−0.545

具体模型为：

$$\ln Y = -51.240 + 11.600\ln X - 0.545(\ln X)^2 \qquad (5.18)$$

其中，Y 代表人均 GDP 序列，X 代表江苏省技术创新能力序列。

（4）结论。

本节从区域技术资本的投入因素、产出因素以及环境因素的综合值，研究了其与区域经济增长的关系，从协整检验、因果关系检验可以得知，技术创新是一个区域经济增长的前导因素，技术创新促进了区域经济的增长。技术创新对中国经济增长的贡献在不断提高，技术创新对经济增长的作用主要表现在以下几个方面。

第一，技术创新对培育区域主导产业的催化效应。在熊彼特创新理论以及赫西曼的不均衡发展理论的基础上，罗斯托主张用主导产业（该概念由美国经济学家赫西曼最早提出）理论来阐释当今时代的经济增长，并提出创新和扩散是主导产业的核心理念。一般来说，主导产业有三个特征：首先是强调通过科学技术的进步，来获得新的生产函数；其次是经济增长率能够持续并且不断提升；最后是有较强的外延效应，也就是从一个主导产业的增长影响到其他产业的增长，有一定的积极性作用。一个地区产业结构的调整，也应该构建主导产业的创新，来带动辅助以及派生产业或者相关产业的创新，这样就会形成主导产业为中心，以相关产业为组成部分，而通过关联纽带协同发展的主导产业链。实际上，回顾主导产业理论，通过分析可以得到这样的结论，区域经济的增长往往取决于主导产业的培植及其发展态势，技术创新则是其中一到催化剂，为主导产业的形成起到加速的作用。

第二，区域产业结构转变中技术创新对其的"质变"效应。区域产业结构中，主导产业应该是其核心组成部分，因而主导产业的发展变化会直接影响整个区域产业结构变化的方向，因而当一个新的生产函数—技术创新被引入这个主导产业时，产业结构的发展就会发生质的变化。应该说，在技术创新的作用下，主导产业的扩散作用会得到更为充分的发挥。例如，一旦技术创新是的主导产业的成本降低，那么不但使供应链上前向关联产品的成本下降，而且对后向延伸的关联产业，如原材料等的供应将会有更高的要求；另外，对横向关联的产业也产生压力，迫使它们采取相应的措施，降低成本，提高竞争力。同时，技术创新可以降低能耗，有选择性地增加替代能源，这样，为前向关联产业增加了能源利用的选择性，而为后向关联产业节能减排提供了条件，有效缓解能源紧张问题。还有，技术创新的作用使产供销结构更加高级化，对前向供应需求、后向最终需求的高级化打下了基础。并且使劳动生产效率得到了很大的提高，相应地高素质人才的需求也会大量增加，部分劳动力会发生转移。最终的结果是，技术创新不断使经济网络、经济中心的组合联系得到优化，加速城乡产业结构的调整；不能适应发展要求的传统部门被改造，新的产业部门不断产生，不同产业间的整合、联系和协同进一步得到改善，区域产业结构的不断高级化成为趋势。

第三，技术创新对经济增长的"乘数"作用。按照现代经济理论，经济增长一般会先发生在增长极上，也就是说空间的聚集效应会带动关联产业向增长极集中，产生一定的集聚效益。可以这么说，率先增长点和发展点，会引起其他的点，由点带动线，再由线带动面。这样的一个过程，也是一种连锁反应，这种反应就是技术创新带来的乘数效应。技术创新一方面使主导产业的形成并稳定；另一方面使整个区域的结构在一定的时期内形成相对稳定的格局。而增长极就是一个巨大的磁场，连续不断地吸引着周围的优质生产要素。由于这种新的优质生产要素的加入，使该磁场的"磁性"越来越强大，增长极的扩散作用就显得越来越明显和重要。这主要表现在两个方面：首先是高速增长着的点或线或面，会对生产要素的供应部门产生重要的影响，而这种影响会刺激这些要素的快速增长，使投入要素新产生的需求被满足。其次是这些增长极会对周边地区的经济社会发展产生产生积极的带动作用，从而促进了新兴工业部门的产生，新技术、新能源等会相继出现。这样就会解决由于产业结构调整而产生的技术、资源等瓶颈问题。可以这么说，增长极产生的产业要素的集聚与扩散，会引发区域经济全方位的增长。

5.2.3　结构因素与经济增长

5.2.3.1　区域声誉资本与经济增长

（1）江苏省区域声誉资本与人均 GDP 时间序列的平稳性检验及协整分析。

在图 5.3 中可以看出 1992 ~ 2007 年江苏省声誉资本的对数序列并不是一个稳定的时间序列。为了进一步确认平稳与否，下面对时间序列进行定量检验，即对声誉资本的对数序列 LNMC 的平稳性进行 ADF 检验。

从检验结果（见表 5.16）可以看出，对序列 LNMC 进行 ADF 检验的统计量值为 - 2.47，大于 10% 显著性水平下的临界值 - 3.39，即使在 10% 的显著性水平下也不能拒绝原假设，说明其为非平稳序列（此时 D - W 值为 1.323）；对其一阶差分序列 ΔLNMC 进行 ADF 检验的统计量值为 - 3.47，小于 5% 显著性水平的临界值，说明在 5% 的显著性水平下，可以拒绝原假设，可以得出其一阶差分序列在 5% 的显著性水平下是平稳的结论（此时 D - W 值为 1.887）。通过 ADF 单位根检验说明：在 5% 的显著性水平下，序列 LNMC 是一阶差分的平稳序列，及 I（1）序列。这个结果与 LNTC、LNHC 同样均为一阶差分序列，与 LNRJGDP 为同阶，因此可以进行协整关系的检验。

表5.16　　　　　　　　　　LNMC 及其差分序列的 ADF 单位根检验

	LNMC			ΔLNMC			Δ^2LNMC		
P 值	0.335			0.026			0.098		
t 值	− 2.47			− 3.47			− 3.36		
α 水平	0.01	0.05	0.10	0.01	0.05	0.10	0.01	0.05	0.10
临界值	− 4.99	− 3.88	− 3.39	− 4.00	− 3.10	− 2.70	− 4.80	− 3.80	− 3.34

　　协整关系检验结果如表5.17所示，迹统计量检验和最大特征值检验均显示，两者之间存在着协整关系（迹统计量检验中，36.39486 > 25.87211，P 值为0.0017，表明对协整关系 r = 0 的假设拒绝，两个时序之间存在着协整，在 r ≤ 1 的假设中，9.937162 < 12.51798 且 P 值为 0.1300，统计表明接收该假设，即两个序列之间存在唯一的协整关系；在最大特征值检验中，在 r = 0 的假设中，最大特征统计量大于5%水平的临界值，同时 P 值为 0.0480，表明统计检验结果拒绝该假设；在 r ≤ 1 的假设中，最大特征统计量和 P 值表明接收该假设，进一步证实这两个序列之间存在协整关系）。

表5.17　　　　　　　　LNMC 与 LNRJGDP 序列的协整关系检验结果

迹统计量检验（Trace 值）				
假设协整关系	特征值	Trace 统计量	5% 水平的临界值	P 值
r = 0 *	0.848903	36.39486	25.87211	0.0017
r ≤ 1	0.508256	9.937162	12.51798	0.1300
最大特征值统计量检验（Maximum Eigenvalue）				
假设协整关系	特征值	最大特征值统计量	5% 水平的临界值	P 值
r = 0 *	0.848903	26.45770	19.38704	0.0040
r ≤ 1	0.508256	9.937162	12.51798	0.1332

　　（2）因果关系检验。

　　表5.18的检验结果表明，当显著性水平为5%时，滞后2期时 LNRJGDP 不是 LNMC 的格兰杰原因，LNMC 则是 LNRJGDP 的格兰杰原因。因此可以从统计的角度来说，声誉资本的在一定程度上促进了江苏经济的增长，江苏省经

济发展的现状，离不开该省区域声誉资本的贡献，声誉资本积累如果不能与经济增长要求相匹配，无疑会使经济发展速度滞后。

表 5.18　　　　　　LNMC 与 LNRJGDP 的因果关系检验结果

因果关系假定	滞后期数	F 值	P 值	结论
LNRJGDP does not Granger Cause LNMI	2	2.26813	0.15935	接受
LNMI does not Granger Cause LNRJGDP		6.25584	0.01982	拒绝

（3）回归模型建立。

用 SPSS 做人均 GDP 和声誉资本对数序列回归分析（见表 5.19）。利用曲线估计同样发现二次函数曲线的拟合优度最好，因此人均 GDP 和声誉资本之间的关系选择二次函数来进行回归分析。

表 5.19　　　　　　LNMC 与 LNRJGDP 之间的回归分析

函数类别	模型估计				参数估计			
	R Square	F	df1	df2	Sig.	Constant	b1	b2
二次函数	0.735	16.159	2	12	0.000	-42.761	12.071	-0.634

具体模型为：

$$\ln Y = -42.476 + 12.071\ln X - 0.634(\ln X)^2 \tag{5.19}$$

其中，Y 代表人均 GDP 序列，X 代表江苏省区域声誉资本序列。

（4）结论。

尼克·邦第斯认为，某一个国家的声誉资本，代表着该国家与其他国家相比，针对国际客户的需求提供有吸引力和竞争力的解决方案的能力，而国际贸易量的大小，是最能反映这种能力的一个指标，因为只有能够为客户提供有竞争力的解决方案的能力为客户所感知，也就是声誉资本明显优于其他地区，才会有贸易量的增加。比如，某一个国家能出口一种产品，无论其产品的质量还是成本均占优势，无疑这时会使该国在国际上赢得声誉。作为国内的一个省份，反映其声誉资本的同时还有与其他省份之间的贸易。也就是国内贸易。因此在本节的研究中，首先采用了国内、国际贸易来反映区域的声誉资本的大小；其次采用了区域声誉资本的直接指标，也就是区域品牌度。本节的研究结论表明，区域声誉资本与人均 GDP 之间存在的协整关系，声誉资本是经济增长的主要因素之一，是一个无形的投入要素，声誉资本与人均 GDP 增长之间的关系为二次函数关系。

5.2.3.2　江苏省区域流程资本与经济增长的协整与因果分析

（1）江苏省区域流程资本与人均 GDP 时间序列的平稳性检验及协整分析。

同样在图 5.3 中可以看出，1992～2007 年江苏省流程资本的对数序列也不是一个稳定的时间序列。为了进一步确认该序列平稳与否，下面对这个时间序列进行定量检验，即对流程资本的对数序列 LNPC 这个变量的平稳性进行 ADF 检验。

从表 5.20 可以看出，对序列 LNPC 进行 ADF 检验的统计量值为 -2.15，大于 10% 显著性水平下的临界值 -2.68，在 10% 的显著性水平下也不能拒绝原假设，说明其为非平稳序列；对其一阶差分序列 ΔLNPC 进行 ADF 检验的统计量值为 -3.47，小于 5% 显著性水平的临界值，说明在 5% 的显著性水平下，可以拒绝原假设，可以得出其一阶差分序列在 5% 的显著性水平下是平稳的结论。通过 ADF 单位根检验说明：在 5% 的显著性水平下，序列 LNTC 是一阶差分序列，即 I（1）序列。

表 5.20　　　　　　　　　　LNPC 及其差分序列的单位根检验

	LNPC			ΔLNPC			Δ²LNPC		
P 值	0.05			0.026			0.002		
t 值	-2.15			-3.47			-5.208		
α 水平	0.01	0.05	0.10	0.01	0.05	0.10	0.01	0.05	0.10
临界值	-3.96	-3.08	-2.68	-4.00	-3.10	-2.70	-4.06	-3.12	-3.70

这与人均 GDP 对数序列为同阶单整序列。因此接下来对这两个序列之间进行协整关系分析。

协整关系检验结果如表 5.21 所示，迹统计量检验和最大特征值检验均显示，两者之间存在着协整关系（迹统计量检验中，39.54793 > 25.87211，P 值为 0.0006，表明对协整关系 r = 0 的假设拒绝，两个时序之间存在着协整，在 r≤1 的假设中，9.401288 < 12.51789 且 P 值为 0.1571，统计表明接受该假设，即两个序列之间存在唯一的协整关系；在最大特征值检验中，在 r = 0 的假设中，最大特征统计量大于 5% 水平的临界值，同时 P 值为 0.0193，表明统计检验结果拒绝该假设；在 r≤1 的假设中，最大特征统计量和 P 值表明接收该假设，进一步证实这两个序列之间存在一个协整关系)。

表 5.21　　　　　　　　LNPC 与 LNRJGDP 序列的协整关系检验

迹统计量检验（Trace 值）			
假设协整关系	特征值	Trace 统计量	5% 水平的临界值	P 值
r = 0 *	0.883899	39.54793	25.87211	0.0006
r≤1	0.489069	9.401288	12.51789	0.1571
最大特征值统计量检验（Maximum Eigenvalue）			
假设协整关系	特征值	最大特征值统计量	5% 水平的临界值	P 值
r = 0 *	0.699333	30.14614	19.38704	0.0009
r≤1	0.019078	9.401288	12.51798	0.1571

（2）因果关系检验。

在格兰杰因果关系检验的结果中，在滞后期为 2 的情况下，LNPC 是 LNRJGDP 的格兰杰原因，LNRJGDP 不是 LNPC 的格兰杰原因，表明流程资本的积累和投入，促进了人均 GDP 的增长，也就是说由于邮电通信基础设施的投入，使区域流程资本大大的增加，有力地促进了信息、知识的流通，技术的吸收途径更加多元化，流程资本的投入不仅使得货运、客运的大量增加，而且使区域内技术的溢出效应更加明显，为经济增长打下良好的基础（见表 5.22）。

表 5.22　　　　　　　　LNMC 与 LNRJGDP 的因果关系检验

因果关系假定	滞后期数	F 值	P 值	结论
LNRJGDP does not Granger Cause LNPI	2	1.60948	0.25260	接受
LNPI does not Granger Cause LNRJGDP		5.0800	0.03340	拒绝

（3）回归分析。

因果关系检验后，为了进一步了解流程资本对人均 GDP 的解释作用，利用 SPSS 进一步进行回归分析，输入数据，进行两个变量之间的曲线估计，以人均 GDP 为被解释变量，流程资本为解释变量，曲线估计结果表明，二次幂函数模型的 R^2 为最大，拟合度最佳，因此这两个序列之间的关系为二次函数关系，回归系数等见表 5.23。

表 5.23　　　　　　　　　　　LNPC 与 LNRJGDP 之间的回归分析

函数类别	模型估计				参数估计			
	R Square	F	df1	df2	Sig.	Constant	b1	b2
二次	0.946	113.089	2	13	0.000	−25.231	4.145	−0.114

这两个变量之间的模型为：

$$\ln Y = -25.231 + 4.145\ln X - 0.114(\ln X)^2 \qquad (5.20)$$

其中，Y 为人均 GDP，X 为流程资本。

（4）结论。

流程资本实际上反映的是一个区域在区域内或区域间信息、物资、知识、资本等要素流通能力的大小，具体反映到区域客货运总量，是区域技术创新的重要前导环节，也是区域经济发展的基础之一。流程资本一方面通过促进信息、知识和资本的流动来间接促进经济的增长；另一方面直接通过区域内外贸易来带动经济。在本节的分析中，流程资本和经济增长之间因果关系的格兰杰检验同时也证实了这一点，并且在这两者之间进行曲线估计和回归时，其相关系数达到 0.946，相关性非常高，二次函数进一步表明流程资本对经济增长具有一定的解释作用。因而作为区域知识资本的一种，流程资本为区域经济的发展做出了较大的贡献。

5.2.3.3　江苏省区域制度资本与经济增长的协整与因果分析

（1）江苏省区域制度资本与人均 GDP 时间序列的平稳性检验及协整分析。

根据计量经济学时间序列回归要求，为避免伪回归的发生而最终结果的错误，对时间序列进行平稳性检验，而从图 5.3 中可以看出，1992～2007 年制度资本的对数序列也不是一个稳定的时间序列。为了进一步确认该序列平稳与否，对制度资本的对数序列 LNSC 的平稳性进行 ADF 检验。

从表 5.24 可以看出，对序列 LNSC 进行 ADF 检验的统计量值为 −1.11，大于 10% 显著性水平下的临界值 −2.69，在 10% 的显著性水平下也不能拒绝原假设，说明其为非平稳序列；对其一阶差分序列 ΔLNSC 进行 ADF 检验的统计量值为 −5.13，小于 5% 显著性水平的临界值，说明在 5% 的显著性水平下，可以拒绝原假设，可以得出其一阶差分序列在 5% 的显著性水平下是平稳的结论。通过 ADF 单位根检验说明：在 5% 的显著性水平下，序列 LNSC 是一阶差分的平稳序列，即 I（1）序列。

表 5.24　　　　　　　　　　LNSC 及其差分序列的单位根检验

	LNSC			ΔLNSC			Δ^2LNSC		
P 值	0.673			0.004			0.002		
t 值	−1.11			−5.13			−6.50		
α 水平	0.01	0.05	0.10	0.01	0.05	0.10	0.01	0.05	0.10
临界值	−3.96	−3.08	−2.69	−4.00	−3.10	−2.70	−4.06	−3.12	−2.70

同样与 LNRJGDP 为同阶序列。因此，接下对制度资本对数序列和人均 GDP 对数序列进行协整关系检验。

协整关系检验结果如表 5.25 所示，迹统计量检验和最大特征值检验均显示，两者之间存在着协整关系（迹统计量检验中，20.43728 > 15.49471，P 值为 0.00823，表明对协整关系 r = 0 的假设拒绝，两个时序之间存在着协整，在 r ≤ 1 的假设中，1.043801 < 3.841466 且 P 值为 0.3069，统计表明接受该假设，即两个序列之间存在唯一的协整关系；在最大特征值检验中，在 r = 0 的假设中，最大特征统计量大于 5% 水平的临界值，同时 P 值为 0.0000，表明统计检验结果拒绝该假设；在 r ≤ 1 的假设中，最大特征统计量和 P 值表明接收该假设，进一步证实这两个序列之间存在协整关系）。

表 5.25   LNSC 与 LNRJGDP 的协整关系检验

迹统计量检验（Trace 值）			
假设协整关系	特征值	Trace 统计量	5% 水平的临界值	P 值
r = 0 *	0.749738	20.43728	15.49471	0.0083
r≤1	0.071846	1.043801	3.841466	0.3069

最大特征值统计量检验（Maximum Eigenvalue）			
假设协整关系	特征值	最大特征值统计量	5% 水平的临界值	P 值
r = 0 *	0.876475	19.39348	14.26460	0.0071
r≤1	0.030169	1.043801	3.841466	0.3069

（2）因果关系检验。

在格兰杰因果关系检验的结果中，在滞后期为 2 的情况下，LNSC 是 LNR-JGDP 的原因，LNRJGDP 不是 LNSC 的原因，表明标志着市场化进程的制度资本，会促进人均 GDP 的增长，也就是说区域制度资本的不断提升，则表明市场程度也不断提高，这意味着整个社会各方面资源配置的效率越来越高，从而促进经济的增长。制度经济学理论更是强调这一点，认为中国近几十年来经济的腾飞，经济体制、市场制度的改革和发展起到了关键的作用（见表 5.26）。

表 5.26   LNSC 与 LNRJGDP 的因果关系检验结果

因果关系假定	滞后期数	F 值	P 值	结论
LNRJGDP does not Granger Cause LNSC	2	2.37777	0.14823	接受
LNSC does not Granger Cause LNRJGDP		3.51618	0.03489	拒绝

（3）回归分析。

因果关系检验后，为了进一步了解制度资本对人均 GDP 的解释作用，利用 SPSS 进一步进行回归分析，输入数据，进行两个变量之间的曲线估计，以人均 GDP 为被解释变量，制度资本为解释变量，曲线估计结果表明，二次幂函数模型的 R^2 为最大，拟合度最佳，因此这两个序列之间的关系为二次函数关系，回归系数等见表 5.27。

表 5.27 　　　　　　　　　LNSC 与 LNRJGDP 之间的回归分析

函数类别	模型估计				参数估计			
	R Square	F	df1	df2	Sig.	Constant	b1	b2
二次函数	0.960	157.169	2	12	0.000	-30.647	7.545	-0.348

曲线估计后这两个变量之间的模型为：

$$\ln Y = -30.647 + 7.545 \ln X - 0.348 (\ln X)^2 \tag{5.21}$$

其中，Y 为人均 GDP，X 为流程资本。

（4）总结。

在传统的经济增长理论中，制度往往被假设为已知、不便的常量，视为一种固有的态势，也由于其难以定量性，制度因素在增长模型中很少被考虑到。如古典增长、模型（亚当·斯密、李嘉图、穆勒等）、新古典增长模型（索洛等）以及新剑桥模型，基本上都把制度这一因素排斥在模型之外。这些理论和模型主要是探讨两种要素——资本和劳动力，经济增长是这两种要素投入增加的结果，而且认为生产要素的投入要么是遵循报酬不变，要么是边际报酬递减这样的规律。经济增长中很多难以解释的因素（如边际报酬递增的现象出现）会被标注为"全要素生产率"的结果。哪怕是 20 世纪 90 年代的内生经济增长模型，也没有考虑制度这一因素。所以在一般的正统的经济增长模型中，没有制度这个变量。

但是，这不能说明制度因素在经济增长中没有起到作用，制度因素对经济增长的作用是显而易见的，20 世纪 60 年待产生的新制度经济学，就将制度作为一个最重要的变量来研究经济增长，从而打破了在经济增长研究中不固封了漫长时间的制度"黑箱"。诺思，作为新制度经济学的代表人物，从不同的方面详细地阐述和解释了制度变迁是如何对经济增长产生影响的，并提出了制度变迁决定经济增长的研究结论。他提出了制度影响经济增长的三个方面：首先是影响劳动投入的积极性，单位劳动的产出变化是随着制度的改变而产生的，其次是制度在影响资本投入的积极性，单位投资产出的变化与制度的变迁息息相关；最后是制度的变化同时引起这两者的变化，调动了这两者的积极性。

近些年来，很多转型国家经济增长非常迅猛，以中国为最，这吸引了国内外经济学界的高度关注。很多学者注意到在转型国家中国家制度的变迁对经济增长的巨大影响，认为展开对转型国家制度变迁和经济增长关系的影响很有必要。在这样的情况下，相继出现了一批包含制度变量的经济增长模型。查尔斯·I. 琼斯（2002）提出了一个扩展的总生产函数：$Y = IK^{\alpha}(hL)^{1-\alpha}$，其中就用 I 来表示经济的一些体制因素对生产率的作用。公式表明，如果两个经济实体，有着相同的 K，h 以及 L，但是如果 I 存在着差异，那么它们的产出依然是不同的。尽管琼斯没有明确说明 I 就是制度变量，但是显然他的体制因素就是包含了制度这一变量在内[①]。

针对制度变迁影响经济增长的不同特点，在本节中，对制度变量的处理参照技术进步的处理方法，即在本节的研究中以制度变迁（不同年份市场化进程的提高、政府干预程度逐渐降低以及对外的开放度逐渐增加）作为解释变量，来定量分析了制度变迁与经济增长的关系，因果关系的检验证实制度资本是经济增长的一个重要因素，回归分析中，相关系数 R^2 更是达到了 0.96。

5.3 区域知识资本各维度综合影响经济增长的实证分析

——以江苏省为例

关于区域知识资本对经济增长的综合促进作用，本研究中采用两种方式来进行，首先是以 LNRJGDP（人均 GDP）为被解释变量，以区域知识资本中的 LNHC（人力资本）、LNTC（技术创新能力）、LNMC（声誉资本）、LNPC（流程资本）和 LNSC（制度资本）作为解释变量，进行多元回归分析，得出每个维度在经济增长上的贡献程度。如果在回归分析中发现被解释变量和解释变量存在着非线性关系，则利用各个单因子回归分析后得到的回归方程建立整体混合回归模型分析；其次利用本书第 4 章中各个维度进行主成分分析后所得各因子的权重，计算区域知识资本的综合评价值，再利用计算所得的知识资本综合值的时间序列，与 LNRJGDP 序列进行协整、因果以及回归分析等，进一步来解释知识资本对经济增长的促进作用。

---

① 道格拉斯·C. 诺思. 经济史中的结构与变迁 [M]. 上海：上海三联书店，1994：2.

5.3.1 区域知识资本各维度对经济增长影响的多元回归实证分析

由于区域知识资本中人力资本、技术创新资本、声誉资本、流程资本和制度资本对经济增长的作用机理各不相同，因而各个因素对区域总体经济发展的影响程度也各不相同。要考察每个维度对经济增长的贡献率的差异，必须建立模型进行分析，在此仍将以江苏省知识资本以及其人均 GDP 为例来进行分析。建立模型如下：

$$Y = a_0 + a_1X_1 + a_2X_2 + a_3X_3 + a_4X_4 + a_5X_5 \tag{5.22}$$

其中 Y 为人均 GDP 的对数，即 LNRJGDP，（n = 1，2，…，5）分别为区域知识资本中人力资本、技术创新、市场、流程以及制度资本的对数值，分别为 LNHC、LNTC、LNMC、LNPC 和 LNSC。利用统计软件 SPSS15.0 对式 (5.20) 进行线性回归分析，结果显著性检验没通过，可以看出该模型并非简单线性回归，因此需要即一步进行整体混合回归分析。

一般在建立混合回归模型的时候，必须先进行各个单因子（即区域知识资本的各个维度，前文已经进行分析）分别进行回归，建立因子 $X_n(n=1，…，5)$ 和 Y 的回归模型 $Y_n = f_n(X_n)$ 然后整体回归，建立 Y_1，Y_2，Y_3，Y_4，Y_5 和 Y 的多元线性回归模型，分析并研究其中潜在规律，以便得出混合回归模型。由：

$$Y = f(X) = a_0 + a_1X_1 + a_2X_2 + a_3X_3 + a_4X_4 + a_5X_5 \tag{5.23}$$

得到：

$$Y = a_0 + a_1f(X_1) + a_2f(X_2) + a_3f(X_3) + a_4f(X_4) + a_5f(X_5) \tag{5.24}$$

将 LNRJGDP、LNHC、LNTC、LNMC、LNPC 和 LNSC 分别记为 Y、X_1、X_2、X_3、X_4 和 X_5。根据相关系数的内在含义，$X_n(n=1，…，5，)$ 和 Y 的相关系数的大小（相关性的大小）反映了 Y 的变化受 X_n 的影响程度的大小。如果某因子和 Y 的相关系数绝对值比较大，则说明该因子对经济增长影响较大。对上述五个单因子作相关性分析，可得表 5.28。

表 5.28 影响因子和 Y 的相关系数

影响因子	LNHC	LNTC	LNMC	LNPC	LNSC
相关系数	0.969 *	0.990 *	0.884 *	0.972 *	0.980 *

从表5.28可以看到，区域知识资本各维度发展和江苏经济增长的相关性非常大，而且是在5%的显著性水平下通过了检验，相关系数为正值，也就是说Y和Xn的变化趋势基本一致，Xn增加则Y也相应增加并且相关系数的大小，表示了各个因素对经济增长的影响程度的大小如何。从数据可以看出，很明显，技术创新影响最大。为了提高模型的整体相关性，同时消除不同因素之间的影响，有必要对单因子进行回归实证，实际上在5.2节的分析中，我们已经对单因子与Y之间的进行回归分析，见式（5.17）、式（5.18）、式（5.19）、式（5.20）和式（5.21）[①]：

人力资本单因子回归：$Y_1 = -45.648 + 14.518X_1 - 0.941X_1^2$

技术创新资本单因子回归：$Y_2 = -52.240 + 11.600X_2 - 0.545X_2^2$

声誉资本单因子回归：$Y_3 = -42.476 + 12.07X_3 - 0.634X_3^2$

流程资本单因子回归：$Y_4 = -25.231 + 4.145X_4 - 0.114X_4^2$

制度资本单因子回归：$Y_5 = -30.647 + 7.545X_5 - 0.348X_5^2$

通过第一步的单因子非线性回归后，我们可以计算出$Y_n(n = 1, \cdots, 5)$（Y_n可以看成因子X_n对Y的贡献）。在此基础上，对Y和Y_1，Y_2，Y_3，Y_4，Y_5作多元线性回归。

$$Y = f(X) = a_0 + a_1 Y_1 + a_2 Y_2 + a_3 Y_3 + a_4 Y_4 + a_5 Y_5 \qquad (5.25)$$

这里$\alpha_1, \cdots, \alpha_5$是尚未得知的回归系数。$\alpha_0$是常数项。把Y和$Y_n(n = 1, \cdots, 5)$的值代入到回归方程中去，通过统计软件SPSS计算便可得出未知拟合参数。

$$\begin{bmatrix} a_0 \\ a_1 \\ a_2 \\ a_3 \\ a_4 \\ a_5 \end{bmatrix} = \begin{bmatrix} -0.418 \\ 0.129 \\ 0.326 \\ 0.023 \\ 0.173 \\ 0.362 \end{bmatrix}$$

结合单因子回归模型和拟合参数，构建混合回归模型：

---

① 在本节中为了便于区分，上一节中单因子回归的变量全部用$Y_1, \cdots, Y_5$和$X_1, \cdots, X_5$代替。

$$Y = -0.418 + 0.129Y_1 + 0.326Y_2 + 0.023Y_3 + 0.173Y_4 + 0.362Y_5 \quad (5.26)$$

此混合回归模型中可以看到，江苏省人均 GDP 每增长 1%，人力资本、技术创新资本、声誉资本、流程资本和制度资本对其贡献率为 0.129%、0.326%、0.023%、0.173% 和 0.362%。

5.3.2 区域知识资本综合值与经济增长影响的单因素实证分析

计算江苏省 1992～2007 年逐年的区域知识资本综合值，则采用 4.4.1 节中根据各省区域知识资本数据进行主成分分析得来的权重，依据每年各维度的计算值，进一步测量逐年的知识资本综合值（Intellectual Capital），并对该时序取对数值，具体见表 5.29。

表 5.29　江苏省 1992～2007 年知识资本综合值的时间序列及其对数序列

年份	人均地区生产总值 RJGDP	LNRJGDP	知识资本 IC	LNIC
1992	2499	7.8236	1.57712	0.45560
1993	3639	8.1995	1.82031	0.59901
1994	5018	8.5208	1.97038	0.67823
1995	6387	8.7620	2.06713	0.72616
1996	7597	8.9355	2.21487	0.79519
1997	8419	9.0382	2.33218	0.84680
1998	9094	9.1154	2.43392	0.88950
1999	9758	9.1858	2.61677	0.96194
2000	10745	9.2822	2.69839	0.99265
2001	11809	9.3766	3.36426	1.21321
2002	12939	9.4680	3.36524	1.21350
2003	14863	9.6066	3.56249	1.27046
2004	17685	9.7805	3.63044	1.28935
2005	21549	9.9781	4.00826	1.38836
2006	25253	10.1367	4.29927	1.45844
2007	29834	10.3034	4.90898	1.59107

5.3.2.1　江苏省区域知识资本与人均 GDP 时间序列的平稳性检验及协整分析

从知识资本综合值的时间序列的曲线图（见图 5.5），我们可以看出知识资本综合值随着时间的推移，其值不断的增长，并且有着一定的增长趋势，也就是说该时序并不是平稳的时间序列；为了进一步确认平稳与否，下面对该时间序列进一步进行定量检验，即对知识资本综合值的对数序列 LNIC 的平稳性进行 ADF 检验。

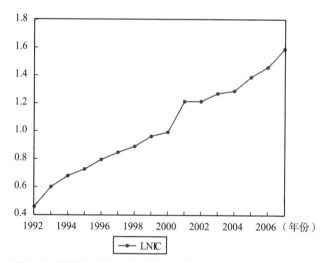

图 5.5　江苏省 1992～2007 年知识资本综合值时间序列曲线

由表 5.30 可以知道，知识资本综合值对数序列的单位根检验中，ADF 检验值为 0.239，大于 10% 的 α 水平下的临界值 -2.70，因此序列为非平稳序列，但是通过对其一阶差分的检验，发现 LNIC 的 ADF 检验值为 -5.343，都小于 5% 临界值 -3.10 和 1% 临界值 -2.70，P 值为 0.001。同时，D-W 值接近 2，为 1.922837，这表明江苏省区域知识资本综合的对数值时序为一阶差分序列，为 I（1）序列。这个结果与人均 GDP 为同阶，多是一阶单整，因此可以进行协整关系的检验。

表 5.30　　　　　　　　知识资本综合值对数序列的 ADF 检验

	LNIC			ΔLNIC			Δ^2LNIC		
P 值	0.965			0.001			0.000		
t 值	0.239			−5.343			−7.667		
α 水平	0.01	0.05	0.10	0.01	0.05	0.10	0.01	0.05	0.10
临界值	−4.00	−3.10	−2.70	−4.00	−3.10	−2.70	−4.06	−3.12	−2.70

协整关系检验结果如表 5.31 所示，迹统计量检验和最大特征值检验均显示，两者之间存在着协整关系：迹统计量检验中，20.0845 > 15.49471，P 值为 0.0075，表明对协整关系 r = 0 的假设拒绝，两个时序之间存在着协整关系，在 r≤1 的假设中，1.236263 < 3.841466 且 P 值为 0.2662，统计表明接收该假设，即两个序列之间存在唯一的协整关系；在最大特征值检验中，在 r = 0 的假设中，最大特征统计量 19.47219 > 14.26460，同时 P 值为 0.0075，表明统计检验结果拒绝该假设；在 r≤1 的假设中，最大特征统计量 1.236263 < 3.841466，P 值为 0.2662 表明接受该假设，进一步证实这两个序列之间存在一个协整关系。

表 5.31　　　　知识资本时序与人均 GDP 时序的协整关系检验结果

迹统计量检验（Trace 值）				
假设协整关系	特征值	Trace 统计量	5% 水平的临界值	P 值
r = 0 *	0.751141	20.0845	15.49471	0.0075
r≤1	0.004518	1.236263	3.841466	0.2662
最大特征值统计量检验（Maximum Eigenvalue）				
假设协整关系	特征值	最大特征值统计量	5% 水平的临界值	P 值
r = 0 *	0.751141	19.47219	14.26460	0.0069
r≤1	0.004518	1.236263	3.841466	0.2662

5.3.2.2　江苏省区域知识资本综合值与人均 GDP 之间的因果检验和单元回归分析

从因果检验的结果（见表 5.32）可以得知，在滞后二期的前提下，假设

"LN RJGDP 并不是 LNIC 的格兰杰致因"的检验中，F = 0.52864，P = 0.60664，表明该假设被接受，而在假设"LNIC 并不是 LN RJGDP 的格兰杰致因"中，F = 10.0571，P = 0.00508，假设被拒绝，也即是说。因此我们可以得出结论，区域知识资本是经济增长的驱动力之一，知识资本的稳步增长，将会进一步促进人均 GDP 的提高。

表 5.32　　　　　　　知识资本综合值与人均 GDP 之间的因果检验

因果关系假定	滞后期数	F 值	P 值	结论
LNRJGDP does not Granger Cause LNIC	2	0.52864	0.60664	接受
LNIC does not Granger Cause LNRJGDP		10.0571	0.00508	拒绝

在进行单元回归分析时，首先对两个变量之间的关系利用 SPSS 进行曲线估计，取其 R^2 最大者，也就是回归模型拟合最优的曲线，最终得到这两者之间拟合度最优的曲线为 S 曲线，其中 R^2 为 0.956。具体结果见表 5.33。

表 5.33　　　　　　　　　　曲线估计结果

函数类别	模型估计						参数估计		
	R Square	F	df1	df2	Sig.	Constant	b1	b2	b3
三次	0.982	214.73	3	12	0.000	4.479	10.352	−7.958	2.377

具体模型如下：

$$Y = 4.49 + 10.352X - 7.958X^2 + 2.377X^3 \qquad (5.27)$$

其中，Y 为人均 GDP 对数序列 LNRJGDP，而 X 为区域知识资本综合值的对数序列 LNIC。曲线图见图 5.6。

本节的研究中，对知识资本与人均 GDP 进行了多元回归分析和单因子回归分析。前者是以各个维度为解释变量进行的分析，目的是为了测得各维度的增长变化对经济增长的贡献率。从分析结果可以知道，制度资本和技术创新资本对经济增长的贡献最为突出，这与我国目前还处于转型期的现状相符。很多

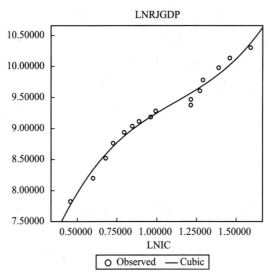

图 5.6　人均 GDP 对数序列与知识资本综合值对数序列的三次曲线图

学者对于正处于转型期的发展中国家的实证表明，制度是促进经济增长的重要因素，而技术创新则促进了要素投入产出效率的提高，使生产要素"边际效用递减"的传统经济学假设不再成立，促进经济持续增长。在对知识资本各维度进行综合，然后以该综合值为解释变量进行单因子回归时，发现这两者之间也不是简单的线性关系，而是 S 曲线，但其对经济的增长是显而易见的。

5.4　区域知识资本差异与区域经济非均衡现象分析

对中国区域经济发展差距的理论探讨，主要开始于 20 世纪 90 年代。之前的时期，也就是从 1949 年以后到改革开放这一时期内，计划经济及其惯性的影响，使中国的区域发展以牺牲效率为代价，因而区域差距略有缩小。20 世纪 80 年代初期，经济理论的发展使得区域发展理念发生变化，随之政策也作了重大调整，从"七五"计划开始，沿海地区优先发展的战略，在使我国综合力量快速上升的同时，东、中、西部的经济发展差距在急剧扩大，并且在进入 21 世纪后，这种差距还在进一步扩大。这引起了学术界、政府相关部门的高度重视，并对这种不断扩大的差距现象进行大量、深入的研究，分析其原因，以期为缩小差距提供对策和措施。

大多数研究认为，形成中国区域经济差距的原因是多方面的，需要进行综合的、全面的分析。夏永祥在其研究中指出，区域经济发展的差距，是由客观因素所决定的，如地理位置等，同时还受到宏观经济政策、产业结构、人口素质市场因素等。管卫华等从非国有经济发展状况、市场发育程度、区域间经济联系状况、区域间不同的经济基础等方面出发，认为这几种因素的综合作用所造成的。覃成林认为是区位、投资、经济结构、人力资本、经济效益和政策倾斜的几种因素的共同作用。不同的学者从不同的视角分析了区域经济发展不均衡的成因，观点之间有一定的互补性，对分析东中西部间经济发展差距的成因及采取相应的对策来消除差异有一定的指导和借鉴作用。

进入知识经济时代，知识资本是经济发展的主要影响因素之一，是经济增长的主要生产要素之一，本章上一节的因果检验、曲线估计、多元回归的实证分析等进一步证明这一结论。所以，知识资本的差异，毫无疑问应该是造成目前区域发展差距逐渐扩大的主要因素之一，脱离了知识这一因素，来解释区域经济发展差距问题，显然是不够全面的。

本书将 2008 年各省（区、市）的经济发展水平进行聚类分析[①]（结果见表 5.34），得到 Ⅰ、Ⅱ、Ⅲ、Ⅳ（按经济发展水平高低）四种类型，对照不同类别中省份的区域知识资本（根据本书第 4 章测算的结果），可以明显看出知识资本高的地区，如北京、上海、江苏、浙江、天津、广东、山东等省，其经济发展水平明显要高出其他省份；同样，计算经济发展水平聚类分析中每一类所包含省份的区域知识资本的平均值，把该值作为每一类区域知识资本的评价值，Ⅰ类经济发展区域的知识资本代表值为 5.7425；Ⅱ类经济发展区的知识资本的代表值为 4.1885；Ⅲ类经济发展区域知识资本的代表值为 3.0256；Ⅳ类经济发展区域的 2.6536。从以上数值中我们可以看出，区域知识资本水平较高的区域，其经济发展水平相对较高。这些统计分析及上一节中知识资本与经济增长之间的因果检验，进一步证明知识资本是造成

---

① 利用 2008 年统计数据，使用指标为分别为人均国内生产总值、财政支出、财政收入、城镇可支配收入、农村纯收入、居民消费支出、第三产业产值比重。聚类分析用的是绝对距离度量，选择的方法是离差平方和方法，距离测定用 Customized 法，考虑到各指标的度量单位不同，对数据进行了标准化，使用统计分析软件 SPSS15.0 进行聚类分析。

区域经济发展失衡的重要因素。

表 5.34　　　　　　　区域知识资本综合指数和经济发展的聚类结果

地区	知识资本综合指数	经济类属	地区	知识资本综合指数	经济类属	地区	知识资本综合指数	经济类属
北京	11.02270	I	安徽	-1.90379	IV	四川	1.07497	IV
天津	8.59307	II	福建	1.20353	III	贵州	-5.47972	IV
河北	0.43527	IV	江西	-2.35544	IV	云南	-3.15747	IV
山西	-1.92855	IV	山东	6.47692	III	西藏	-7.17205	IV
内蒙古	-3.42492	IV	河南	-0.17505	IV	陕西	-1.79001	IV
辽宁	2.58771	III	湖北	0.15693	IV	甘肃	-4.27033	IV
吉林	-2.14106	IV	湖南	-0.73166	IV	青海	-7.24919	IV
黑龙江	-0.77062	IV	广东	8.69673	II	宁夏	-5.33875	IV
上海	9.31840	I	广西	-3.36082	IV	新疆	-5.19326	IV
江苏	11.27010	II	海南	-3.01222	IV			
浙江	8.15640	II	重庆	-3.25070	IV			

从人力资本方面来考虑，在我国中、西部地区，文盲、半文盲的人口比重高于东部区域，计划经济体制的长期影响，以农业和原材料加工业为主体的相对较单一的产业结构，使区域内的经济主体缺少市场经济意识，从而市场适应能力非常低。而东部地区，高素质的人才非常集中，经济的持续增长有了强力的人才支持和智力保障，东部在快速增长的同时还在不断吸引外部人才。对比之下，西部就缺乏经济增长的动力，无法摆脱进一步落后的局面。从技术创新方面来考虑，由于中、西部人力资本的匮乏，特别是高素质人才的不足，无法对引进的高新技术进行吸收消化，进而进行二次创新。从流程资本来考虑，尽管中、西部地区在资源方面占有一定的区位优势，但是目前由于在基础设施、交通等方面的落后，还无法将资源相对优势转化为经济优势，更谈不上在这种转化过程中知识、信息和技术等方面的传播和吸收。同时众多的文献研究表明，中、西部地区的市场化进程要明显低于东部地区。一般而言，市场经济不发达的区域，各经济主体缺乏市场经济意识，适应市场能力弱，这些特征束缚

着欠发达地区居民的经济行为适应市场经济发展的能力，同时对政府定位和管理能力也有一定的束缚。

当前，无论从财政还是政策的倾斜方面，国家明显加强了对中、西部区域经济的扶持力度，实际成效也是非常显著的，近些年来，东部和中、西部的经济增长差距有减缓的现象，但必须明确的是，中、西部区域经济的这种快速增长，不是源自本地区经济增长机制的改善。可以这么说，这种增长不具有持久性，目前的增长是短暂的。随着中、西部能源、原材料的枯竭和国家宏观上政策目标的转移，这些地区经济增长逐渐减缓成为必然，并有进一步恶化的可能。这样，区域间经济发展差距日趋加大的状况很难从根本上来解决。因此，可以下这样的结论：中、西部近些年经济增长率的加快，逐步减少与东部的差距，仅仅是一种暂时现象，东部和中、西部的经济增长还处于一个不断扩大的阶段。在知识经济阶段，应该利用知识资本理论，从加强自身"造血功能"入手，促进经济快速增长，加快内部增长机制和条件的完善，使经济增长有可持续性，从而减小区域间发展差距。

5.5 本章小结

本章首先从区域经济增长现状出发，以人均地区生产总值、地区生产总值增长率以及城镇居民可支配收入等因素出发，通过锡尔系数计算结果，分析了中国省份之间的经济发展水平差异，得出了东、中、西部之间经济发展差距一直在扩大这样的事实结论。

接下来以江苏省为例，通过协整分析、格兰杰因果检验以及曲线估计、整体混合多元回归等方法，分析区域知识资本各维度与经济增长之间的关系。在对知识资本每个维度与人均 GDP 之间的单位根检验、协整分析得出这五个维度与人均 GDP 的对数序列均为一阶单整时间序列，并且每个维度与人均 GDP 之间存在着协整关系；格兰杰因果检验表明，区域知识资本中人力资本、技术创新、声誉资本、流程资本以及制度资本是人均 GDP 的格兰杰原因，这说明各个维度确实促进了区域经济的增长，结合知识资本的区域化差异及经济发展不均衡的趋同性，进一步实证了知识资本的差异是造成区域经济不均衡的重要因素，区域知识资本理论的研究，为改变这种非均衡状态提供了一些新的思路。

单因子回归时，通过曲线估计发现，人力资本、技术创新资本、声誉资本、流程资本以及制度资本与经济增长之间并不是简单的线性关系，而是二次函数的关系；在进行各个维度时序与人均 GDP 时序的多元回归分析时，SPSS 的检验没能通过，也就是说区域知识资本的五个维度与人均 GDP 之间也不是简单的多元线性回归关系。为了计算出各个维度对经济增长的贡献率，构造了整体混合多元回归模型，回归模型得出各维度对经济增长贡献从大到小的顺序为制度资本、技术创新、流程资本、人力资本和声誉资本。这个结论比较符合我国目前处于经济转型、市场化进程尚需进一步提升以及各地区市场化进程参差不齐的现状。

在通过主成分分析计算知识资本综合值后，再对其与人均 GDP 之间的关系进行曲线估计，结果表明这两者之间是一个三次曲线的关系。

第6章 区域知识资本投资决策优化与经济增长的协调发展

6.1 区域知识资本投资的概念

知识资本投资是指在目前的知识经济阶段，为了促进区域经济的可持续发展，而对本区域内知识资本进行投入，使本区域内知识资本在原有的基础上进一步提升，发挥其应有的效率，为促进经济发展提供持续动力。

知识资本的投资包含两层含义：其一是知识资本各维度的单一投资，这是基于在评估知识资本现状的情况下，对本维度进行投资，不考虑其他维度的发展状况及影响；其二是考虑各维度发展的不均衡状态和影响知识资本效率发挥的"瓶颈"处，有针对性地对某一方面重点进行投入，以期提高整体效率。如果现有知识资本各个维度发展较为均衡，为了进一步促进经济发展，则采取对各个方面综合投资的形式。

6.2 区域知识资本投资的单一特性及其协调关系

6.2.1 区域知识资本投资的单一特性

由本书第3章的分析可以得知，区域知识资本由结构因素和内容因素构成，前者又分别由声誉资本、流程资本和制度资本构成，后者主要为人力资本以及技术创新资本这两个维度。同时，在本书第 3 章的分析中可以得知区域知识资本主体的多元性，即既有个人、组织，还有地方政府甚至国家层面的主体。因而在本节的研究中，知识资本投资的单一性从两个方面来展开：一方面是投资对象的单一性，即投资对象从区域知识资本中的维度出发，考虑每个维度投资的效率及其发挥的效益；另一方面则指投资主体的单一性，比方说仅仅是个人、组织或者是地方政府的投资等，接下来结合这两个方面进行分析。

6.2.1.1　投资对象的角度分析

投资对象的单一性分析主要是从知识资本的五个维度各自出发，单独提升某一种资本所需的投资的方式或手段。

（1）内容因素的投资策略选择。

①人力资本的提升方式选择。

对于区域人力资本的提升，需要从品质和数量两个方面来考虑，主要在于加大高等教育和培训投入、防止人才流失以及积极参与区域间甚至是国际间的人才吸引竞争这几个方面来进行。

人力资本价值在上升，而且趋势不减，这种情况说明本世纪在知识资本方面的竞争基本上是围绕着人力资本而来。大到一个国家、地区，小到一个企业，想要分享知识资本带来的利益，拥有高素质的人才是一个最为重要的因素，只有人力资本得到很好的开发，有着良好的集聚，经济增长才能得到质的提高。

传统的生产要素如物质资本、金融资本，其形成方式主要依靠储蓄等不断的积累，知识资本则不然，其形成的关键途径是依靠中等教育、高等教育等教育和科技发展途径。教育具有很强的外部性，这在鲁斯卡的"教育外溢"理论里已经得到了证明：如果政府投资教育，将会使整个经济受益。对一个区域或者一个国家而言，新技术能否迅速传播，是经济成长快慢的重要因素，而新技术传播的快慢很大程度上取决于区域人力资本的质量。如果要高效吸收信息并且拥有能够发展知识的能力，除了要求有比较高的教育水平外，还要有比较有效的终身教育体系。从这一方面来讲，政策关注的重点之一就是整体人员知识和技能的提升以及教育资源的必要支持和药效分配。

对于不同于知识的诸多有形资产，企业常常会投入很大的精力来避免资产的流失，或者至少当这些资产废弃的时候能回收部分价值。但是，对于人力资本，则很少有企业真正投入财力或物力来维护他们手中的知识。所以，当知识变得越来越有价值之时，它的流失也变得更为严重。目前，发展中国家向发达国家的人才流失，是人才跨国流动中一个非常明显的现象。一个国家在一定时期内的人才输出量远远高于人才输入量时，便出现了人才流失（brain drain）；相反，便出现人才收益（brain gain）。据世界银行统计，仅仅在1969~1979年的10年间，美国就接受了近50万名有专门知识和技术的外来移民，其中3/4来自发展中国家，他们中的一半来自亚洲的发展中国家。据估计，从20世纪60~90年代，发展中国家流入到发达国家的技术移民总数超过了200万人。在美国，科技人才中有1/10是华人，有近1/8的科研成果出自华人。

随着中国经济融入世界经济的深度和广度的扩展，人力资本流失的数量和速度都会有大幅度的增大，流失的结构集中在高层次的核心技术人才、深谙中国人文化性格的管理人才和掌握了大量行业客户资源的业务人才等。很明显，这些人才都是构成企业核心乃至整个区域竞争力的重要人力资本。市场中的人力资本在很大程度上同其他资本形式一样，是趋利的，有必要考虑人力资本的激励机制与约束机制的协调问题。因此，地区和企业要及时制定应变措施，将损失降到最低。例如，在稳定员工队伍的同时，将以人力资本形式承载在员工身上的知识、技术和资源等编码为不随员工的流失而丧失的企业的组织资本、赋予人力资本对应的收益等。对于人才的流动而言，政府则应该以公共利益最大化为目标，制定相关的政策，促进人才流动及维护人力资本的有序性与公平性。

目前中国企业与世界500强企业的最大差距在于人才。所以，我国在防止自身人才流失的同时，还应积极参与到国际的人力资本争夺战中。例如，根据重大项目需求，有针对性地加大对海外顶尖人才，包括高水平人才团队的引进力度，推动形成海外优秀人才回国创新创业的潮流；改革科技评价制度，国家科技计划和项目都将发现、培养与稳定青年人才，特别是青年尖子人才作为重要考核指标；国家科技计划实施课题制，提高科研经费中人员费用的比例；研究探索高新技术企业利用期权等多种形式的激励机制，充分体现科技及经营管理人员的创新价值。

②技术创新能力提升的投资方式。

区域技术创新能力的投资，主要从创新投入、创新环境这连个方面来考虑。人力资本的投资，将会有力的促进区域技术创新资本的提升，本书第4章的分析已经指出人力资本与技术创新之间的紧密关系。衡量区域技术创新能力的高低从投入、产出和环境这三个出发点来考虑，产出是以技术创新的投入和环境为条件与前提的，因此从知识资本投资来考虑技术创新能力的提升，除了人力资本已在前面分析以外，必须从技术创新投入的增加和环境的改善来进行。基于宏观层面出发，政府与企业分担不同的角色，政府以倡导为主，企业则应成实施的主体。故在技术创新投入方面，政府要从创造良好的技术创新环境、进行制度方面的改革，因为企业的投入，很大程度上是视环境而定，如果政府创造良好的环境，将会促进企业在技术创新方面的投入，人力资本与技术创新的关系及其投入见图6.1。

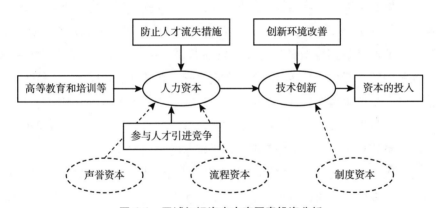

图 6.1　区域知识资本内容因素投资分析

（2）结构因素投资策略的选择。

①声誉资本的提升方式。

对于声誉资本，可以从国际贸易、国内贸易以及区域品牌建设这几个方面来分析（见图6.2）。对外贸易的发展反映了区域与外部经济环境的联系，对外贸易在本区域内部以及和其他区域之间交换、传递物质、金融、信息等要素的过程中起着非常重要的作用，如果一个地区在对外贸易的格局具有多元化这样的特征，说明该区域与外界的联系渠道非常之多，这不仅有利于多方位利用各地资源，同时有利于区域声誉资本的提升。

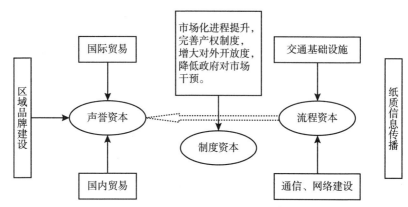

图6.2　区域知识资本结构因素投资分析

对外贸易可以为区域竞争力发展营造一个较好的外部环境。众所周知，国与国之间的关系，开始时多是起步于贸易。古罗马在域外建立新的城堡时候，首先要做的便是与其他城堡建立经济贸易联系；拿我国来说，唐朝时期与日本、朝鲜的贸易互往，为盛唐的形成营造了一个非常好的外部环境、打下了良好的基础。全球化趋势和贸易新格局的出现，都说明了贸易这一因素对区域竞争力的影响越来越大。而声誉资本的本质就是为了营造适合自身区域发展的良好环境，良好与否的环境衬托着区域声誉资本的高低。

实际上，多边贸易体系（如世贸组织、东南亚联盟等）的正常运转以及功能的正常发挥，在约束各国的贸易政策、协调相应的贸易关系上能够起到有效的作用，在解决不同国家间的贸易争端上有一定的公平性，这样为区域的发展营造了较为公开、透明的发展空间。一个较为开放的多方位的贸易，能够保证发展中国家的贸易利益，营造一个不被歧视下进入到工业化国家的市场的最好途径。

从地缘经济环境来说，贸易起着非常重要的作用。地域相近、毗邻甚至相连的国家和地区组成了地域经济环境。而利用地域的优势，这些相近、相连的国家和地区发挥各自的优势，分工合作来加强经济上的联系，互补增加，会有力的增强区域竞争力，这就是地域经济合作。这种合作对于一个区域的经济影响显得尤为直接和迅猛。一国应对其经济、政治以及战略的需要，给以周边地缘经济的国家在投资、贸易上予以一定的优惠待遇，将会有力地促进这些国家之间的交往。而且，这些不同的国家之间产业结构以及经济的那个有较强的互补性，加上这些国家的购买力强，易于产生贸易，从而影响区域竞争力，具体反映到我国的区域层面，也是同样的道理。

从上面的分析可以得知，贸易量的大小意味着区域与外界的联系程度，外部经济体对本区域的了解程度，甚至是本区域对外部经济环境的影响力，是在外界的一种声誉，培育区域的声誉资本，必须从加强对外贸易从而增进与外界的联系来取得。

②流程资本的提升方式。

对于流程资本，在本研究中主要是指一种使得信息流、知识流加速流转，从而获得更快的创新、效率的一种能力。在本书第 4 章提出，流程资本从区域社会内部流动及流通机制、区域社会沟通与交流机制以及纸质信息流通机制这三个方面来测量其值的大小。因此在探讨流程资本的投入时也是基于这些角度出发。

在今天的全球信息社会中，再怎样强调知识革命也不为过，知识革命在深刻程度上堪比 18 世纪把农业社会彻底转型的工业革命①。而信息社会的发展以科学、通信和计算机方面的飞速革新为先锋。到目前为止，信息通信技术的发展使我们能够处理、储存、检索和交换表达成任何形式的信息，并且不受距离、时间、容量和成本的限制。信息社会的新概念增大了人类知识的容量，形成了一个改变我们相互交流的方式和经营方式的资源。事实上 UNDP（1998）报告指出，人类知识和 IT 的结合已经替代了物质资本的积累沉了生产的主导因素。

增强互联网的连通，以便利用互联网所提供的大量知识，是我国许多区域必须迈出的重要一步。进一步来说。可以通过互联网的共享技术促进地区与地区、甚至其他国家之间的合作。这些工具有可能促进分享和利用来自区域外的显性知识，并将进一步增强区域技术创新能力。因此，提升流程资本的首要任务，便是要增强电信和互联网等高科技基础设施。其次是交通基础设施以及纸

---

① 阿莫德·波尔弗，利夫·埃德文森. 国家、地区和城市的知识资本［M］. 北京：北京大学出版社，2007：144.

质信息传播的投入。交通基础设施的投入使区域内部以及区域与外部环境的交流更为畅通，客流量和物流量势必大大增加，这种量的增加，意味着信息交流的增加，从而提升了知识的组合与交换，实际上为知识资本的总体提升打下了基础。

③改善制度资本的方式。

对于制度资本，从微观上来考虑，很多学者认为企业的规章、制度就是一个企业的制度资本，因而在讨论制度资本的提升时，仅仅从完善企业的运作程序、建立与外部的社会经济环境协调机制来考虑。在本研究中，则主要是从区域这个宏观角度来考虑，主体包括了地方政府、企业甚至个人，来分析如何加速本区域的市场化进程。蒲小川通过 1999～2002 年的一组面板数据（全国 30 个地区、东部 11 个省份以及西部 19 个省份），对制度因素与区域经济发展进行了尝试性的实证研究。结果表明，东部地区的经济发展与制度变迁已经进入了一个良性循环互动的演变路径，而中西部地区各项制度变量的质量相对偏低，而且制度变迁主要还得靠政府力量的外生推动。因此，从宏观方面来考虑，东部地区应以优化发展质量为目标来制度策略，中西部地区应以培育经济的内生增长制度环境为目标，推动市场化的快速发展。

6.2.1.2 投资主体的角度分析

（1）纵向视角——个人、组织及区域。

对于投资主体的分析，本书第 3 章提出，区域知识资本的主体具有多元性，有个人的，有组织的，也有区域内的地方政府，实际上这是一个累计的纵向过程。个人知识资本是以人力资本为主，个人对自身人力资本的投入，主要就表现在对教育、培训的投入来获取多种技能，为将来的收益打下基础；单个的成员人力资本和不同类型人力资本融合所产生的企业独占的技术，同时还有使组织正常运行的规章制度、显性和隐性知识、企业在外的声誉等，构成了组织的知识资本。值得注意的是，组织的知识资本应该远远大于单个组成成员的知识资本简单的数量之和，因此组织对于其知识资本的投资，除了对成员的培训外，更加注重于对本组织所需专用技术的投入、对本组织独特文化的投入来增加组织化的凝聚力和员工的忠诚度等方面。对整个区域来说，知识资本的主体包含着众多个人、组织以及一定数量的地方政府，由于各自的功能不一样，在知识资本的投入也有各自的侧重；对于个人及组织，已经在前面进行描述，对于政府的主要投入，则主要表现在制定促进企业创新的政府政策、知识资本化的环境建设，改善法律和管理环境，培育完善的市场环境等方面（见图 6.3）。

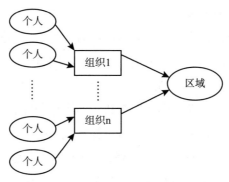

图 6.3 区域知识资本投资主体形成链

（2）横向视角——大学、产业界和政府。

莫兰和戈沙尔（Moran and Ghoshal）在 1996 年的研究表明，所有新划定的资源，如知识和知识资本，一般是通过组合、交换这两种最基本的方式产生。当然，知识资本的形成可能还有其他的方式，但是相对而言这是进行知识创新的最关键的方式。信息技术如因特网等的快速发展，给这种组合和交换提供了大量的机会，从而使知识的增加速度日趋迅速，科学技术也向综合化的趋势发展。因此，拥有有限的资金、人才、信息知识等资源的单个人或者组织，要提高知识资本的速度和效率，仅仅依赖于自身的力量已经无法满足。

在此基础上，葛秋萍等认为，在人类活动的专业化程度连续提高的同时，知识资本的投入不再是个人的行为，它是一种组织行为，更加是一个国家的行为、全球的行为。所以，不同组织、地区甚至国家知识主体之间的协调显得非常重要。学术界与产业部门在知识研究和应用上的融合、协调是可以达到的，但是这需要政府部门、产业部门以及学术界之间有很强的协作欲望和决策能力。为了知识资本市场化的过程中间加强多方面的联系，需要建立一种知识创新的螺旋模型。

政府一般不直接参与专门的技术或项目，但是它有责任在建立一个系统的、有效的和能动的相互关系方面发挥自己的作用。而且，它对于学术界和产业界的作用完全不同。对于学术界，政府应该关注的是知识资本转化的程度，希望知识能够发挥最大限度的应用，在这样的思维下，政府将会关心学术界研究领域更加接近与生产的应用问题，一方面鼓励和激励学术机构履行教育研究、传播知识；另一方面还会刺激其为社会创造财富作出更多直接的贡献。对学术界而言，随着自身规模、体系的扩大，不同的学术机构之间为了获得政府支持基金而进行着激烈的竞争。面对这种压力，学术界会清醒地看到，只有与政府和产业界紧密地联系起来，才会更有利于利用自身已有的知识和能力换来收益。研究者在政府相关政策的鼓励下，会使相关专利申请明显增多，企业产品销售收入也相应增加。美国学者罗默认为学术界研究的成果应该与企业运营结合，收益才会最优，而并不是被政府机构支配是受益最大。

南美学者乔治·萨巴托在30多年前提出了一个萨巴托三角的概念，与三重螺旋模式比较接近。他提出知识的生产和应用就是学术界、产业界和政府之间的互动而发生的作用，这种互动性质的作用，其密切程度解释了知识的有用性。比如，如果学术界和企业界能很好地合作，市场的作用会将研究者进入相对有价值的领域，一旦两者独立脱节，学术界的研究会迷失方向，产业界将失去创造力的源泉。因而从上面的分析可以得知知识资本投入的主体，从横向的角度来考虑，则主要体现在政府、大学和产业之间的合作，我们可以把这看作三合一的虚拟主体（见图6.4）。

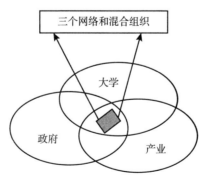

图6.4 大学－产业－政府关系的"三重螺旋"模式

资料来源：葛秋萍. 创新知识的资本化［M］. 北京：中国社会科学出版社，2007：254.

6.2.2　区域知识资本投资的整体性及其协调关系

莫萨德·肯[1]认为，研发、教育和软件方面的支出可以被视为对知识的投资，因为知识资本投资活动是"目的在于改善现存知识、获取新知识或者传播知识的活动上的支出"，其结果是"知识的创造或传播"。与这三方面的支出一样，培训、创新以及工业设计支出也应该被认为投入知识资本投资的一部分。实际上，笔者认为这样的视角是一个比较狭义的视角，它只注重了对应知识产出的直接投入，往往忽视了对知识产出间接影响的因素，莫萨德·肯的观点也只是其中的内容因素部分，而对于促进知识流通、技术溢出等重要的结构因素如声誉资本、流程以及制度等却忽视了，这会影响区域知识资本投资的最终产出效率。

我们将区域知识资本的产出假设为以下函数：

$$Q = f(H, I, M, P, S) \tag{6.1}$$

其中，Q 为区域知识资本的总产出，H 为投入后人力资本的增量，I 为技术创新能力的提升度，M 则为区域声誉资本的增量，P 和 C 分别为流程资本、制度资本的增量，从第四章的结构模型可以得知，这五个因素之间存在这相互之间的关系（具体见本书 4.3 节）。对于人力资本的投资，是区域知识资本投资效益保证的基础，人力资本的投资如果不加保证，其他因素的投入将会大大降低，如从国外引进的先进技术或者设备，如果没有相对应的人力资本来加以消化、吸收，不知所以然，只能使用的话，自主创新永远是一句空话。国外资本的进入以及对外贸易的出发点，是在这个过程中协同外资进入的先进的生产技术和管理经营能够被我方所掌握，这同样也需要较强的人力资本。

技术创新的投入更加注重于新知识的直接生产，是区域知识资本最重要的一部分。人力资本、市场、流程以及制度资本的投入，也可以通过促进技术创新来提升整个区域的知识资本。从声誉资本的测度可以得知，国内贸易和国际贸易，在某种程度来说实际上表征着知识流量的大小，知识流量的大小对人

---

[1]　阿莫德·波尔弗，利夫·埃·德文森. 国际、地区和城市的知识资本［M］. 北京：北京大学出版社，2007：48.

力资本的提升以及技术创新均有着非常深刻的影响；对于流程资本而言，其代表着知识流动的速度和可触及的范围，它对于区域知识资本的提升是不言而喻的。

制度资本的投资需要从建立或者改进所需的成本来分析。周波认为，知识生产存在两种激励模式：科学制度和市场制度。科学制度按照同行评议规则决定知识生产者的报酬，它存在委托—代理困境，同时优先权竞争导致知识生产项目的趋同。市场制度按照市场竞争法则决定知识生产者的报酬，它依赖知识产权保护，存在知识保护悖论。由于两种模式具有互补性，维持它们的平衡是一个国家最为重要的知识生产政策。

知识生产的产出不确定，表现为既无法预期产出的内容，又无法预期产出形成的时点。知识生产具有累进特性。累进特性是指业已获得的知识将成为新一轮知识生产的投入要素；或者说，知识通过知识来生产。累进特性是知识得以加速积累的关键，这表明最优的知识生产政策应当是这样一种制度——它以最大的力度鼓励知识生产者第一时间公开知识，由此避免知识重复生产，推进知识发现进程，这就需要对制度进行改良或改进方面的投入。知识生产者需要物质利益、社会声誉等补偿自己在知识生产上的投入，这时知识生产的激励必定成为一个重要问题，知识生产政策对于知识生产的规模、可靠性以及效率具有举足轻重的影响。

因此，区域知识资本的投资是具有多元的特性，必须从整体来考虑，协调各个维度之间的关系，不能顾此失彼，某一方面投入的缺失多将导致投资效率低下。这与"木桶效应"类似，投资效率的高低最终决定于最薄弱的环节，把握了薄弱环节，投资效率必然是事半功倍。

6.3 区域知识资本各维度发展的均衡性与经济增长

改革开放以来，中国区域经济格局发生了重大演变，区域差距开始成为一个不可回避的现实问题。不管是东、中、西三大地区间，还是各省份间，这种差距所给予人们的直观感受日益强化。从本书第5章的分析可知，知识资本总量的不足，是造成这种差距的原因之一，但知识资本不同维度之间的非均衡发展，致使其效率发挥受到限制，对经济增长的促进作用减少，同样也是造成这种差距的重要因素之一。因而区域知识资本的均衡发展对于其效率的综合发挥非常重要，在接下来的研究中，对东部、中西部的知识资本发展的均衡状况及其对经济增长的影响进行分析。

6.3.1　东部地区知识资本类各维度发展的均衡性分析

限于篇幅，本研究仅从从东部地区抽取江苏、天津、浙江和广东这四个省份进行分析。从各个省份知识资本维度的雷达图（见图 6.5）可以清晰看出，这几个省份区域知识资本的维度基本上处于均衡发展的状态，其中均衡度比较好的是浙江和广东。但每个省都有比较突出的特点，也就是每个地区各有某一个维度相对较为突出。比如，江苏的流程资本在所有维度里是发展最快的，这与江苏近些年在基础设施方面的大力投入分不开；人力资本相对较差些，其实江苏的无论高校数量、在校学生数量等均居全国前列，造成人力资本综合评价较低的原因在于其对卫生健康投入相对较低以及人均受教育年限的限制。天津的人力资本评价高于其他的几个维度，但制度资本和流程资本偏低，这可能对于天津而言，在市场化进程以及在通信电信的投入在近些年还比较欠缺。浙江和广东的区域知识资本各方面的发展比较均衡，尤其是浙江，这种知识资本发展的状态直接导致了其效率要超出其他省份，进一步推动的经济的发展。

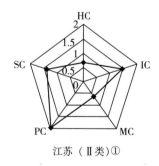

江苏（Ⅱ类）①

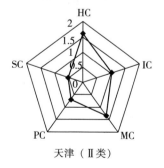

天津（Ⅱ类）

---

①　括号内为该省经济发展水平聚类分析所属类别，类别归属来自本书第 5 章表 5.34，天津、浙江和广东与此一样。

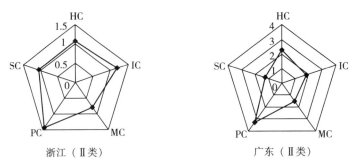

图 6.5　东部省份中江苏、浙江、天津和广东的知识资本各维度均衡状况

因此，对于东部发达地区各省市的区域知识资本来说，基本上保持较为均衡发展的态势，一方面得益于经济发展成果，另一方面也促进了经济的良性发展，同时也使自身的结构更趋向于均衡化。

6.3.2　中西部部地区知识资本类各维度的均衡性分析

中西部仅抽取湖北、甘肃、宁夏和河南四个省份进行研究，我们从雷达图（见图 6.6）可以清晰地看出，区域知识资本各维度的发展多是处于不均衡状态，如湖北省，在五个维度中声誉资本以及创新资本均要低于其他三个维度发展，尤其是声誉资本，这往往表现在区域内外贸易量的不足，使湖北省和外界的交流降低，进一步限制区域技术创新能力，使经济发展后续乏力。甘肃省的区域知识资本发展失衡的态势更为严重，除了声誉资本发展较好外，其他维度的发展严重滞后，无论在人力资本、技术创新、流程资本以及制度资本，远远低于声誉资本，这种状态严重限制了当地经济的发展。宁夏和河南除了人力资本和流程资本外，其他的维度发展均是处于落后的状态，从上一章的经济发展与知识资本的因果分析可以得知，知识资本将对经济的发展起到促进作用，而正是知识资本发展状态的失衡，使中西部地区的发展进一步落后、拉大与东部地区的差距。

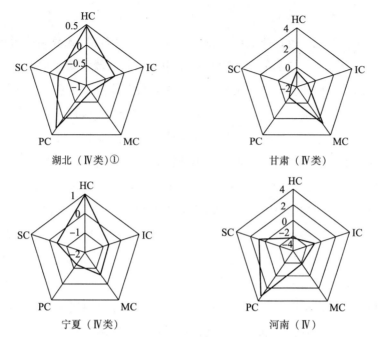

图 6.6 中西部省份中湖北、甘肃、宁夏和广东的知识资本各维度均衡状况

6.4 知识资本的投资路径及其决策优化机制探讨

6.4.1 知识资本的投资路径简述

经过历史的演进，社会生产力水平得到巨大的发展，知识在经济增长与发展中起着重要的作用，科学技术成了第一生产力，资本的发展形态——知识资本登上了历史舞台。知识资本的积累与发展将推动人类社会进入崭新的时代。人类在 21 世纪进入知识资本的时代，依靠开发知识资本来发展经济的战略将逐渐占据主导地位。知识资本是以知识形态存在的资本，因此，知识资本产生以后，知识资本的积累过程就不同于资本的一般积累过程，而显示出其自身的

---

① 括号内为该省经济发展水平聚类分析所属类别，类别归属来自本书第 5 章表 5.34，甘肃、宁夏与河南与此一样。

积累规律。

从前面几章的分析，我们可以得知知识资本以内容形式和结构形式存在，前者包括人力资本、技术创新，后者包括声誉资本、流程资本以及制度资本。这两种知识资本形式实际之间是相互关联的，而不是相互独立的，内容主导着结构，结构为内容提供平台。首先，人力资本是知识资本的基本形式。没有一定量人力资本的累积，区域技术创新无从谈起。中国改革开放初期，引进了大量先进的技术、管理经验以及设备，不能得到充分的吸收，人力资本水平（包括量和质）不能满足要求是主要的原因，而技术创新反过来又使人力资本在质的方面获得进一步的提升。其次，结构资本中的声誉资本、流程资本，为人力资本的积累、技术创新能力的提升提供了必不可少的支持。声誉资本为知识的吸收提供了向心力，声誉资本越高的地方，知识的流入"倾向"越明显；而流程资本则为这种流向提供了"快速通道"，流程资本较高的区域，接收并吸收新知识、新信息的时间越短，从而为内容因素的积累创造更为有利的条件。对于制度资本，从我们选取的测度指标可以看出，它为技术创新成果提供了制度上的合法性，是一种保障，如知识产权、专利发明、论文著作等。制度资本实际上为人力资本、技术创新资本的提升提供了一种制度上的激励，而市场化则同时又为资源配置效率的提高创造了条件。

区域知识资本需要均衡发展，某一种因素发展投入过低会影响整个知识资本效率的发挥，因此对于知识资本的投资，要有一个慎重的规划。故在投资决策前，首先要经过专家的讨论，考虑衡量本区域知识资本的测度指标，并且要求该测度指标具有一定的普适性，并且考虑数据获得性和真实性，以便在不同的区域进行对比，确定标杆对象；其次，根据测度指标，测算区域知识资本各个维度的实际值；第三，针对实际值进行分析，确定哪一个维度是整个知识资本发挥效率的瓶颈，考虑这个问题时候，由于没有确定的标准来界定某个指标应该达到怎样的程度，所以，在本研究中采用相对指标，即利用数据包络分析模型（在下一节中作出详细的介绍和应用），以全国 31 个省市作为决策单元，区域知识资本的五个维度作为输入指标，人均 GDP 作为输出指标，来评价各个决策单元的有效性，再根据自身的情况，以有效决策单元（省市）为标杆进行决策。第四，对策的提出，确定知识资本效率发挥的瓶颈维度后，考虑本地区的各资源、环境、人口、经济发展水平等因素，提出相应的办法，使区域知识资本获得均衡的发展，具体见图6.7。

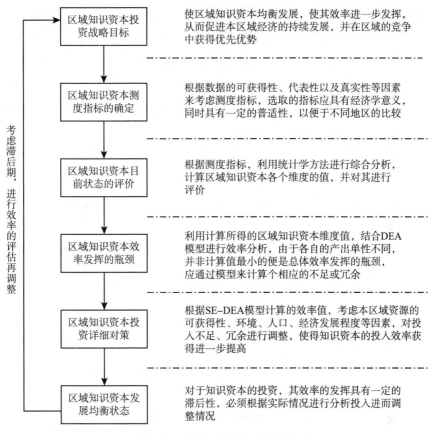

图6.7　区域知识资本投资路径

6.4.2　基于 SE – DEA 模型评价的投资决策优化

6.4.2.1　数据包络分析（DEA）的基本模型

评价决策单元之间相对有效性的方法很多，数据包络分析方法就是其中的一种，该方法简称 DEA。该方法是经济学、运筹学和管理学科的交叉研究领域，它的最早提出者是美国的著名运筹学家查恩斯（A. Charnes）和库珀（W. W. Cooper）。DEA 的第一个模型被命名为 CCR 模型，来源就是于此。这种方法用来研究多个输入、多个输出决策单元的有效性，有规模有效和技术有效之分。规模有效指的是生产处于规模效益恒定的阶段，也就是说如果输入增加了 N 倍，那么它的输出同样会增加 N 倍。技术有效则不然，它指生产投入一定的量，但其产出获得大于该量输入后相应的产出，是一个最理想的状态。因此，按照微观经济学的相关生产理论，假如生产处于规模效益递增的阶段，那么决策者应该增加投入量，因为当投入增加了 M 倍，可以获得大于 M 倍的产出。同样，当规模效益递减时，此时决策者就应该少投入。只有在收益不变时的阶段，也就是规模有效阶段，投入产出比才能达到最优。

数据包络分析方法应用最为广泛的一种方法，就是对同类部门、单元之间相对效率和效益进行评价，当然在输入和输出的项目要一致。该方法对输入输出指标比较宽松，有较大包容性，如他可以接受如心理指标等很难定量的一些指标类型，这样就使其在处理评价等问题上具有一定的优越性。在经济理论的研究中，建模以及参数估计是做一般理论分析时的重要工作，数据包络分析方法就可以通过对决策单元的评估提供给我们相关生产有效性如何的信息，实际上，这些决策有效性的信息，是可以看作经济系统运行有效性的描述。同时该方法还具有以下优点：首先是不需要求出生产函数的具体形式；其次对于多投入多产出的问题可以自由处理；另外也可以直接同投入产出最佳的单元做比较，从而得知参与评价的单元在哪些项目上有差距，进而找出改进其效率的最好途径。应该说，DEA 在处理具有同性质的部门的投入产出（多指标）效益时优势非常大，它以对应的点是否在生产的前沿面上为判断标准，通过线性规划来判断相对有效性。

生产前沿面的定义就是：假定输入、输出的数据对应的集合为：

$$T = \{(x_1, y_1), (x_2, y_2), \cdots, (x_n, y_n)\}$$

由集合 T 生成的凸锥为：

$$C(T) = \left\{ \sum_{j=1}^{n} (x_j, y_j)\lambda_j, \ \lambda_j \geq 0, \ j = 1, 2, \cdots, n \right\},$$

并且生产可能集为：

$$T = \left\{ (x, y) \ \sum_{j=1}^{n} x_j\lambda_j \leq x, \ \sum_{j=1}^{n} y_j\lambda_j \leq y, \ j = 1, 2, \cdots, n \right\}$$

集合 C(T) 是一个多面凸锥，具有有限多个面组成。它是参考集 T 中的 n 个点，$(x_j, y_j) j = 1, 2, \cdots, n$ 的数据包络。如果存在 $\omega^0 \in E_m$，$\mu^0 \in E_s$ 满足 $\omega^0 > 0$，$\mu^0 > 0$，$(\omega^0 - \mu^0)$ 是多面锥 C(T) 的某个法方向，并且多面锥 C(T) 在该

面的法方向（$\omega^0 - \mu^0$）的同侧，那么称该面为 DEA 相对有效面（有效生产前沿面）。而且，DEA 方法还能对那些非有效的决策单元提出相应的改进措施，从而为对决策者提供有参考价值的相关信息。

经过 20 多年的发展，国内外研究者对 DEA 模型不断进行改进，推出了较多新的方法，从而使该模型能够具有更好的使用价值。到目前为止，数据包络分析已经被应用到生产、生活的方方面面。

数据包络分析中最常用的模型是 CCR 和 BCC 模型，介绍如下。

（1）CCR 模型。

对于部门的技术有效和规模有效的评价一般用 CCR 模型来进行。假定有 n 个决策单元 $DMU_j(j=1, 2, \cdots, n)$，DMU_j 的输入、输出向量分别为：

$$X_j = (x_{1j}, x_{2j}, \cdots, x_{mj})^T > 0, \ j = 1, \cdots, n$$

$$Y_j = (y_{1j}, y_{2j}, \cdots, y_{sj})^T > 0, \ j = 1, \cdots, n$$

我们要对第 j_0 个决策单元的投入产出效率进行评价（$1 \leqslant j_0 \leqslant n$），v，u（权系数）作为变量，第 j_0 个单元的效率指数作为评价的目标，同时对全部决策单元（也包括 j_0）的效率指数：

$$h_j = \sum_{r=1}^{s} u_r y_{rj} / \sum_{i=1}^{m} v_i x_{ij} \leqslant 1, \ j = 1, 2, \cdots, n \qquad (6.2)$$

作为约束，使用矩阵符号，构成如下最优化模型：

$$(p) = \begin{cases} \max \dfrac{u^T y_0}{v^T x_0} = V_P \\[2mm] \text{s. t. } \dfrac{u^T y_j}{v^T x_j} \leqslant 1, \ j = 1, 2, \cdots, n \\[2mm] v \geqslant 0 \\[2mm] u \geqslant 0 \end{cases} \qquad (6.3)$$

从公式得知，通过上面的模型评价决策单元时，其有效与否是相对的，也就是把该决策单元和其他单元相比较，得出其效率相对而言最好。这时一个分式规划的问题，如果用 Charnes – Cooper 进行转换，就可以化成等价的一个线性问题。

$$t = \frac{1}{V^T x_0}, \ \omega = tv, \ u = t^{\mu}$$

则（P）转化为一个等价的线性规划问题：

$$(p_{CCR}) = \begin{cases} \max u^T y_0 = V_P \\ s.\,t.\ \omega^T x_j - u^T y_j \leq 1,\ j = 1,\ 2,\ \cdots,\ n \\ \omega^T x_0 = 1 \\ \omega \geq 0,\ u \geq 0 \end{cases} \qquad (6.4)$$

线性规划（P_{CCR}）的对偶规划为：

$$(D_{CCR}) = \begin{cases} \max \theta = V_D \\ s.\,t.\ \sum_{j=1}^{n} x_j \lambda_j + s^- = \theta x_{j\theta} \\ \sum_{j=1}^{n} y_j \lambda_j - s^+ = y_{j0} \\ \lambda \geq 0,\ j = 1,\ 2,\ \cdots,\ n \\ s^- \geq 0,\ s^+ \geq 0 \end{cases} \qquad (6.5)$$

其中，$s^- = (s_1^-,\ s_2^-,\ \cdots,\ s_m^-)^T$，$s^+ = (s_1^+,\ s_2^+,\ \cdots,\ s_S^+)^T$ 定义为松弛变量。由对偶理论可以得知，线性规划（P_{CCR}）与（D_{CCR}）都存在着相应的最优解，并且最优值 $V_D = V_P \leq 1$。也就是说在 n 个决策单元中存在且至少存着一个决策单元，它是被评价有效的。

我们在对被评估单元进行 DEA 模型评价时，一旦利用原线性规划（P_{CCR}）进行求解，要判断的标准是是否存在最优解 ω^0，μ^0 满足：$\omega^0 > 0$，$\mu^0 > 0$，$V_P = \mu^{0T} y_0 = 1$。如果利用对偶规划（D_{CCR}）进行求解，那么需要进一步判断最优解 λ^0，s^{-0}，s^{+0}，θ^0 满足：$s^{-0} = 0$，$s^{+0} = 0$，$V_D = \theta^0 = 1$。但是上面的任何一种方法做一个判断都比较难。为更好地解决这个问题，非阿基米德无穷小量 ε（其中，$\varepsilon > 0$）被引入到模型中去，非阿基米德无穷小参数模型 CCR 模型得到了应用。

$$(D_{CCR} - \varepsilon) = \begin{cases} \max \left[\theta - \varepsilon (\hat{e}^T s^- + e^T s^+) \right] = V_D(\varepsilon) \\ s.\,t.\ \sum_{j=1}^{n} x_j \lambda_j + s^- = \theta x_{j0} \\ \sum_{j=1}^{n} y_j \lambda_j - s^+ = y_{j0} \\ \lambda \geq 0,\ j = 1,\ 2,\ \cdots,\ n \\ s^- \geq 0,\ s^+ \geq 0 \end{cases} \qquad (6.6)$$

其中，$\hat{e}$，e 分别是分量为 1 的 m 维，s 维列向量。

对于（DCCR − ε）而言，一般是采取单纯形法对该模型进行求解。假如求的（DCCR − ε）的最优解为 λ_0，s^{-0}，s^{+0}，θ_0，那么当 $\theta_0 = 1$ 时，可以认为决策单元 j_0 是弱的 DEA 有效；当 $\theta_0 = 1$ 同时满足 $s^{-0} = s^{+0} = 0$ 时，可以判断决策单元 j_0 为 DEA 有效。否则的话，可以认为该决策单元属于非 DEA 有效。

（2）BCC 模型。

如果评价决策单元之间相对的技术有效性，一般采用 BCC 模型。同样它涉及的也是一个多面凸集，该多面凸集由生产可能集系统的最小性、凸性、无效性架设决定。其相应的规划模型为：

$$(P_{BCC}) = \begin{cases} \max\ u^T y_0 + u_0 = V_p \\ s.t.\ \omega^T x_j - u^T y_0 - u_0 \geq 0,\ j = 1,\ 2,\ \cdots,\ n \\ \omega^T x_0 = 1 \\ \omega \geq 0,\ u \geq 0 \end{cases} \qquad (6.7)$$

其带有非阿基米德无穷小参数的对偶规划为：

$$(D_{BBC} - \varepsilon) = \begin{cases} \max[\theta - \varepsilon(\hat{e}^T s^- + e^T s^+)] = V_D(\varepsilon) \\ s.t.\ \sum_{j=1}^{n} x_j \lambda_j + s^- = \theta x_{j0} \\ \sum_{j=1}^{n} y_j \lambda_j - s^+ = y_{j0} \\ \sum_{j=1}^{n} \lambda_j = 1 \\ \lambda_j \geq 0,\ j = 1,\ 2,\ \cdots,\ n \\ s^- \geq 0,\ s^+ \geq 0 \end{cases} \qquad (6.8)$$

当（$D_{BCC} - \varepsilon$）的最优解 λ_0，s^{-0}，s^{+0}，θ_0 满足：$\theta_0 = 1$ 同时有 $s^{-0} = s^{+0} = 0$ 时，那么就可以判断决策单元 j_0 存在着技术有效，否则为非技术有效。

相对 CCR 模型而言，BBC 模型明显多了一个约束条件 $\sum_{j=1}^{n} \lambda_i = 1$，以此作为判断单元间技术相对有效的高低。通过该模型的投影：$x_{j0}^* = \theta_0 x_{j0} - s^{-0}$，$y_{j0}^* = \theta_0 y_{j0} + s^{+0}$ 可以得知，要实现技术有效，必须在输入或者输出方面的指标大小进行调整，如果输入过大，或者输出太小，说明该决策单元存在着技术无效这样的问题。在 BBC 模型下，决策单元的规模收益有以下三种情况：

①$\theta_0 = 1$，规模收益维持不变。

②$\theta_0 < 1$，且 $\dfrac{1}{\theta} \displaystyle\sum_{j=1}^{n} \lambda_j^0 > 1$，规模收益递减。

③$\theta_0 > 1$，且 $\dfrac{1}{\theta} \displaystyle\sum_{j=1}^{n} \lambda_j^0 < 1$，规模收益递增。

6.4.2.2 超效率 DEA 模型（SE - DEA）及其在知识资本投资优化中的运用

对于同时有效的决策单元，在利用 DEA 模型进行评价或比较时，就会存在一定的困难。在 DEA 基础上进行改进后得出的超效率模型就可以解决这一问题，也就是在有效的决策单元之间分析出不同单元的效率的高低。超效率 DEA 模型的原理是在对第 j_0 决策单元进行效率评估时，用其他全部决策单元的投入、产出的线性组合来代替该决策单元的突入与产出，从而将该决策单元排除在外，CRR - DEA 模型则不一样，该模型是将第 j_0 决策单元包含在内的。如果一个决策单元被评价为有效，那么该单元即使按比例增加投入，效率还是不变，增加的部分比率就是超效率评价值。最初使用该模型的是 Yao Chen 用来识别已经评价有效的决策单元之间的效率高低。因此，超效率模型（SUP - DEA）能够相对有效地分别有效单元的效率差异，根据结论可以对其进行效率值高低的排序。模型如下：

$$(CCR)\,\text{s. t.}\begin{cases} \min\theta \\[2mm] \displaystyle\sum_{i=1,\,j\neq k}^{n} x_i \lambda_j \leq \theta x_k \\[4mm] \displaystyle\sum_{i=1,\,j\neq k}^{n} y_i \lambda_j \leq y_k \\[4mm] \lambda_j \geq 0,\ j = 1,\,2,\,\cdots,\,n \end{cases} \tag{6.9}$$

利用超效率 DEA 模型，可以分辨出处于前沿生产面的不同省份之间的效率进行排序，同时对各个投入（知识资本的五个维度）进行有效的调整，达到优化投资的目的。

以知识资本的五个维度作为输入指标，以人均 GDP 为输出指标，全国的

31 个省（区、市，未包括港澳台地区）为决策单元，利用 DEA 软件 EMS1.3 进行测算，测算结果见表 6.1。

在进行测算知识资本投入的有效性时，由于输出的结果属于不可控因素，因此我们采用输入导向的 CCR 模型，即在固定产出的假设下，测算各个投入因素的有效性，从而进一步分析该投入的冗余（与其他几个要素相匹配显得投入过量）与不足（与其他几个要素相匹配下显得投入不足），提高整体的投入效率。这实际上也为知识资本的投资作出了侧重点的选择。

由表 6.1 可以看出，江苏、浙江、山东、天津、内蒙古、河北、上海、福建、海南、广东、北京、西藏、青海和新疆 14 个省份的效率值大于 1，也就是说这些省份中，知识资本各个维度作为投入要素的话，已经处在生产前沿面上，各个维度的作用发挥达到了应有的效率，这些省份中，除了内蒙古、西藏和青海，其余均属东部地区。实际上在本书第 4 章的计算结果中，内蒙古、西藏和青海的区域知识资本均是很低，从 DEA 模型计算结果来看，这些省区需要在各个方面均要作较大的投入，为经济发展做出贡献。东部这些省市同样也需要在各个维度上作均衡的投入，从而使得知识资本整体获得提升。

表 6.1　　　　　　　　　　区域知识资本非有效单元投入冗余

决策单元	超效率值（%）	投入冗余值（SE – CCR – DEA 模型）				
		人力资本	技术创新	声誉资本	流程资本	制度资本
北京	126.55					
天津	134.37					
河北	104.62					
山西	67.06	0	0.089	0	0.325	0
内蒙古	139.86					
辽宁	66.49	0	0.179	0	0.301	0
吉林	86.46	0.058	0.321	0	0.348	0
黑龙江	97.00	0	0.140	0	0.638	0
上海	124.26					
江苏	101.25					

续表

决策单元	超效率值 （%）	投入冗余值（SE‑CCR‑DEA 模型）				
		人力资本	技术创新	声誉资本	流程资本	制度资本
浙江	107.31					
安徽	58.57	0	0	0	0.100	0.099
福建	102.05					
江西	54.72	0	0	0	0.049	0.053
山东	102.03					
河南	98.18	0	0.212	0	0.559	0.021
湖北	60.63	0	0.317	0	0.400	0
湖南	60.44	0	0.117	0	0.053	0
广东	126.41					
广西	65.40	0	0	0	0.243	0.043
海南	108.71					
重庆	63.49	0	0	0	0.125	0.006
四川	54.07	0	0.213	0	0.253	0
贵州	51.38	0.053	0.039	0	0.071	0
云南	46.74	0	0	0.01	0.216	0
西藏	117.36					
陕西	69.29	0	0.095	0	0.464	0
甘肃	65.18	0	0	0	0.107	0
青海	158.43					
宁夏	79.77				0.103	
新疆	137.47					

效率非有效的决策单元（超效率值小于 1）有山西、辽宁、吉林、黑龙江、安徽、江西、河南、湖北、湖南、广西、重庆、四川、贵州、云南、陕西、甘肃和宁夏 17 个省份，其中中西部占了绝大多数；从区域知识资本的维度分析，则各个省份分别在不同维度上，存在着不同程度的冗余，从人力资本来看，除了贵州和吉林存在着一定的冗余，其他非有效知识资本投入的省市基本上多是没有冗余，而且这两个冗余数据相对非常小，不排除随机的影响，这

与本研究在分析各个维度的效用与联系是一致的。人力资本是知识资本维度里最为基础的一个方面，在目前中国现在发展阶段，几乎所有省份均存在着人力资本在量或质方面达不到经济发展的要求。冗余最大的则是流程资本，实际上这与我国近期大力发展基础设施有关，甚至有学者认为这种对基础设施（如道路、桥梁）的高投入，并没有带来与其相对应的经济增长，基础设施的投入与产业升级、扩大内需等存在一定比例的失衡，这些高投入并没有发挥相应的效率。技术创新在不同省份也存在冗余，这主要是近几年技术创新的投入呈倍数增长，但是技术创新成果却是达不到理想效果，这与中国的国情、技术创新的方式有着密不可分的联系。对于制度资本，由于本研究中主要侧重的是市场化进程，也就是制度变迁程度的一个量化值，而这些冗余的地方出现在中西部的省份，应该是这些省份并没有考虑本地区的实际情况，市场化过快反而会影响经济稳定有序的发展。

任何一种投资，必须考虑其效率，对知识资本的投资自然也不例外，SE – DEA 模型的分析，仅仅是一种评价投入产出相对有效的方法，通过数据及模型，测算出所有决策单元中相对有效的单元，而其他单元则以这些有效的决策单元为标杆，分析本身投入方面的不足或冗余。在本次的研究中，各个非有效投入的省份可以根据模型得出的标杆单元（有效省份），减少存在冗余的维度上的投入，增加存在不足的维度上的投入，不仅可以使知识资本获得整体均衡发展，同时还可以提高这些资金投入的效率。因此，在考虑产业结构、环境、资源优势等背景因素，有针对性的进行投入，将会有利于本地区知识资本的均衡发展，从而进一步推动经济的发展。

6.5　本章小结

本章从区域知识资本投资的概念出发，首先分析了区域知识资本投资存在着单一性和综合性并存的特点。单一性主要从投资的对象和投资的主体两方面来分析，从区域知识资本投资的对象考虑，区域知识资本有着五个维度，即人力资本、技术创新能力、声誉资本、流程资本以及制度资本。单一性是分别考虑各个维度的投资策略，其出发点是从各个维度自身来考虑如何来提升，不考虑资源的有限性或资源的共享性等，纯粹是处于自我提高的考虑。从区域知识资本投资的主体来看，纵向考虑主体有着个人、组织以及区域内地方政府等。横向考虑则从政府－产业－学校三个主体来讨论，从主体出发主要考虑投资的不同侧重。综合性则不同，考虑资源的有限性、单个维度的投资对其他维度的促进作用等因素来综合考虑区域知识资本的整体提升，是基于均衡发展的角度出发。

其次，对我国目前区域知识资本发展的均衡性进行了统计分析，数据分析发现，东部地区绝大多数省（区、市）的区域致使资本发展比较均衡，而中西部地区的大部分省（区、市）在区域知识资本不同维度的发展状况却存在着严重的不均衡状态，这严重制约了经济的发展，反过来又使区域知识资本发展日趋落后。

最后，从区域知识资本发展战略目标出发，分析各个维度的相互依存性，提出知识资本投资路径，接着以 SE－CCR－DEA 模型分析各个省（区、市）域知识资本投入的相对效率，提出从投入的冗余或不足来优化知识资本的投入，即假定区域知识资本五个维度为投入指标，人均地区生产总值为产出指标，来衡量投入产出效率，判定在某一个省（区、市）五个维度的冗余或不足，从而一方面提高资本的投入效率，另一方面使区域知识资本得到均衡发展，为进一步促进区域经济的发展打下良好的基础，从而使本书假设三得到了验证。

第 7 章　研究结论和政策建议

7.1　主要研究结论

本书运用现代管理科学方法和经济计量学的相关理论，采用理论分析和实证研究相结合的研究思想，对区域知识资本内容、结构组成以及知识资本与区域经济增长之间的关系进行了系统研究，主要进行了以下工作并得到了相关的结论。

第一，区域知识资本内容组成及结构模型。

以现有的知识资本理论为基础，归纳提炼出区域知识资本的概念，区域知识资本是一定区域范围内动态存在的具有价值创造功能的知识或能力，其表现形式具有多元性，区域知识资本强调的是知识、能力并重；区域知识资本由内容因素和结构因素组成，前者包含人力资本和技术创新能力，后者则包括了声誉资本、流程资本以及制度资本。在分析内容因素（人力资本、技术创新能力）和结构因素（声誉资本、流程资本和制度资本）之间的关系时，通过结构方程模型设定探索发现结构因素中的声誉资本、流程资本以及制度资本对技术创新能力有着明显的影响，而对于人力资本，声誉资本和制度资本对其有显著的影响，流程资本对其影响并不显著。内容因素中人力资本对于技术创新能力有显著的影响，但反过来则不显著。

第二，知识资本的区域化差异及其比较。

通过设定测度指标后，利用主成分分析的方法测算不同维度在各个省（区、市）的差异，发现在人力资本这一个维度上，北京、上海、天津、浙江和江苏排在前列，中部的安徽和河南、西部的广西和重庆、青海的得分较低；在创新资本方面，北京具有显著优势，其次是江苏、上海、天津、浙江和广东，得分较低的则是西部的青海、西藏、宁夏，以及东部的海南、中部的安徽等；在声誉资本方面，北京、上海、广东、天津、浙江和江苏具有显著优势，西部的青海、宁夏、西藏、贵州发展较低；在流程资本方面，具有显著优势的地区是北京、上海、江苏、山东、广东和浙江，发展靠后的五位均是位于西部的新疆、甘肃、西藏、陕西和青海；考察制度资本的发展程度，实际上是分析各地区的市场化进度的大小，北京、上海、广东、江苏、浙江占据了前面的五位，发展靠后的则是新疆、西藏、甘肃、青海和陕西。也就是说东部地区区域知识资本在不同的维度上均占有优势。在计算各个省份的知识资本的综合值后，再通过对不同省（区、市）按照知识资本得分进行聚类，同样发现在知识资本发展较好的类别中，东部省市占了绝大部分，不同省份以及东、中、西部地区均存在区域知识资本发展不均衡的现象。

第三，区域知识资本与经济增长之间的实证分析。

利用宏观时间序列数据，以江苏省为例，采用单位根检验、协整检验、格兰杰因果关系检验等经济计量方法，对区域知识资本与人均地区生产总值的关系进行计量分析，发现人力资本、技术创新、声誉资本、流程资本以及制度资本与经济增长之间存在长期均衡的关系，这五个维度的提升有利于促进经济增长，并且均为经济增长的格兰杰原因。通过建立整体混合回归模型，进行多元回归分析发现，江苏省人均 GDP 每增长 1%，人力资本、技术创新资本、声誉资本、流程资本和制度资本对其贡献率为 0.129%、0.326%、0.023%、0.173% 和 0.362%。再次利用主成分分析计算江苏省每一年度的知识资本综合值与人均 GDP 回归，发现这两者之间是三次曲线关系。

第四，区域知识资本五个维度的不均衡状态影响其整体效率的发挥。

知识资本的五个维度需要均衡的发展，否则会影响知识资本整体效率的发挥。通过 DEA 模型分析各省（区、市）知识资本投入产出的相对效率，发现效率无效的单元（省份），其知识资本各维度均存在着发展不均衡的现象。对应这种不均衡状态的省份，其经济增长水平明显滞后。综合知识资本对经济增长的分析表明，不同维度的均衡性对经济增长起到重要的作用，维度发展失衡，会成为经济发展的"瓶颈"，不仅影响经济发展，同时还对其他维度的发展有一定的抑制作用。因此，在进行知识资本投资时，现状的评估是基础，是促进区域知识资本均衡发展，同时提高投入产出效率的必要前提。

7.2 创新点和不足之处

7.2.1 本书的创新之处

（1）从宏观层次来研究知识资本。目前已有的关于知识资本的研究，着重于微观经济实体，即从企业的层面来进行研究，研究的目的是从提高企业核心竞争力以及企业的永续发展方面来考虑；本研究以宏观的区域为研究对象，分析区域知识资本的内涵特征，并建立区域知识资本结构模型，对区域知识资本各个组成部分之间的联系和影响进行了理论分析。

（2）从知识资本的角度来研究区域经济的非均衡状态，展开知识资本的提升与区域经济增长的动态研究。目前关于知识经济的研究中，主要从人力资本、知识溢出角度来研究区域经济的发展，而忽视了区域自身的一种"能力"，也就是自身知识传播能力、促进贸易和吸引外资能力，以及区域各级政府在市场化进程中的作用等，这些"能力"也是一个区域所拥有的资本。本书从技术创新、人力资本以及制度资本、声誉资本、信息传播的流程支持等因素综合研究知识资本对经济增长的促进作用，并进行了实证。

（3）区域知识资本的组成及其结构形式。基于知识资本内涵和特征，把区域知识资本组成分为内容因素和结构因素，前者包括人力资本、技术创新能力，后者包括声誉资本、流程资本和制度资本，从而建立区域知识资本的五维结构模型。通过区域知识资本的测度指标设定，并利用测度指标计算的数据，对区域知识资本的组成及其结构进行验证性分析，同时利用结构方程模型（SEM）对区域知识资本各个组成部分之间关系进行模型设定探索。这样的定量分析在以往的文献研究中比较少见。

（4）区域知识资本的量化以及区域化差异的分析。目前关于知识经济的测度研究并不多见，尤其对于不同区域的知识经济测度和比较更是少见，本书在建立区域知识资本测度的基础上，分别对各省份在人力资本、技术创新能力、声誉资本、流程资本和制度资本等知识资本的五个维度上进行比较，从而发现不同区域知识经济发展的差距，为区域经济增长和缩小目前区域间经济发展非均衡的状态提供新的思路。

（5）设计区域知识资本投资的决策模型以及投资的路径优化模型。本书从测算区域知识资本的现状出发，分析知识资本的非均衡状态，同时建立超效率 DEA 模型，以知识资本的五个维度为投入变量，地区人均 GDP 为产出变量，通过相对效率的高低（有效或无效单元）以及不同维度的冗余与不足，提出有针对性的区域知识资本投资优化决策方案，为提高投资效率提供借鉴。

7.2.2　本书的不足之处

（1）首先是可获得统计数据的局限性。知识经济的兴起到现在，时间并不长，某些设定的指标仅仅统计到 20 世纪 90 年代，或者说统计指标在那个时间才开始出现，如网络用户数量、移动电话用户等。这些重要的指标在测算知识资本时是不可或缺的，这样造成计量经济模型的时间序列的跨度比较短，在一定程度对模型的结果造成影响。

（2）区域知识资本的结构组成模型应该进行调查问卷等形式，通过探索性因子分析进行确定，以提高其客观性，但是限于条件，笔者在分析文献的基础上进行了确定，尽管后续利用结构方程软件验证性分析证明模型拟合比较好，但还是有所欠缺，是本书的一大遗憾。

7.3　政　策　建　议

7.3.1　均衡发展区域知识资本各个维度，有利于其整体效率的发挥

各个区域应该在评估本区域知识资本现状的基础上，促进知识资本的提升。只有对本区域知识资本现状进行客观的测算和评估，才能发现知识资本中

发展明显滞后的维度，而这些维度正是影响整体效率发挥的"瓶颈"，进而影响了区域经济的发展。因此，在已经评估的情形下，以经济发达地区为标杆，通过各个维度的对比，综合产业结构、各种资源的情况，采取有针对性的投入，一方面可以迅速提高知识资本的效率，为经济发展做出贡献；另一方面也可以避免资源浪费，提高资源效率。

7.3.2 提升区域知识资本各维度的对策

（1）通过建立人力资本投资回报机制、加大教育投入以及吸引人才等来提升区域人力资本。

首先，要构建人力资本投资与回报的合理机制。提高人力资本产权界定的效率，以契约作为主要形式，利用"谁投资、谁收益，投资多少、收益多少"原则，以投资数额和服务年限为基本内容，完善各投资主体之间的利益关系，同时充分体现人力资本产权的个体自由特性。从而一步激励在人力资本方面的投资，从而提高区域人力资本。

其次，加大区域内教育投入。一个国家要真正实现对于外部引进的技术实行消化和吸收，从而进行再次创新，较高素质的人才是必须具备的，也只有如此，才能形成技术创新的良好机制，进一步促进经济的发展。对于当前来说，在我国财政投入是教育经费的主要来源，因此，持续对教育投入，并且不断增加投入，多方位对教育进行支持是政府相关职能部门今后的重点所在。也就是说，政府必须调整目前的财政支出结构，优先保证教育的支出。同时还应该取消社会办学力量对教育投入的限制，鼓励社会资本进入教育领域，使办学资金来源多元化。当然还可以借鉴美国、日本等西方国家的政策和措施，通过税收优惠、财政补贴等办法鼓励办学，来弥补财政支出不足的困难，从整体上使得教育水平提高。

最后，实施相关措施，吸引各方人才。对于目前中西部面临人才短缺和流失的问题，区域政府应该针对具体的情况，实施灵活的人事制度，确保科技人员稳定的同时，还要充分发挥其才智为地方经济做贡献。在吸引人才方面，首先要营造重视科技重视人才的氛围，重奖有突出贡献的各类人才，使得东部沿海的优秀人才有意向来中西部工作和学习；其次对于海外留学人员，要充分鼓励他们回内陆工作，这样通过引进渠道，来提升本区域人力资本总量。

（2）加大研发投入，建立以企业为中心的创新体系来提升本区域内技术创新能力。

首先要加大研发投入，提升本区域 R&D 能力。美国学者格里菲特（Griffithetal）在 2000 年利用经合组织中的部分国家的工业数据进行研究后得出结论，认为一个国家在研发上面的投入越大，那么该国与先进国家之间的劳动生产率差距的缩小会越快。发展中国家尤其是处于转型期的国家，在充分利用全球化带来的国际技术扩散的基础上，还是要加强自身的研发投入，尤其是对企业研发的机构建设，这样才能做到引进先进技术的同时，增强自身二次创新的能力。

所以，从整个国家来说，各级政府对科研要充分重视，在财政拨款上要有一定的倾向性，尤其要加强基础和应用研究领域的支持力度。根据企业创新的能力和投入以及创新的市场实践性的高低，政府可以从不同程度上对研发成果市场化过程中采用补贴、退税等多方面的激励，鼓励企业创新。同时还应加强配套的政策的改革，比如高科技产品的出口退税，进一步加快中、西部地区对外贸易关系建立。政府还可以从发展科技信贷、建立多层次的企业研发基金、完善研发资金的分配体系等方面促进提高研发能力。

其次，创新体系的建立应该以企业为主。尽管目前已经进入了知识经济时代，但是社会最基本的经济细胞还是企业，其在社会经济发展过程中的核心作用还是不会改变，科学技术是经济发展动力，是第一生产力。企业成为创新主体，则知识的创新将会更多地来自企业，在转化为生产力方面将更会有效。从这个切入点进行分析，知识经济时代的经济增长，仍将倚重于企业的技术创新。

基于人力资源的投入和研发投入的历年数据，联合国教科文组织对多数国家在研发上的投入进行了分析，对比发达国家和发展中国家的研发投入情况，发现前者主要以企业投资为主，而后者则是政府主导。对于发展中国家来说，技术的发展路径是以模仿为先，利用反向追溯等方式进行二次创新，但实际上，一些核心或者高端的战略性技术一般很难通过这种途径得到。从我国整体情况来看，技术创新的主要组成还是以科研机构、高等院校为主，从事研发的科学家、技术人员也多是集中在这些部门；而最接近实践层面的、经济发展中起到主要作用的企业，其研究部门由于资金短缺、科技人员的匮乏，没有形成相应的主体地位。因此，在宏观上，无论对整个国家还是省份，应该关注如何树立在技术创新中企业的主体地位，增加企业投入研发的动力，鼓励研究机构和大中型企业合作，尽快成立具有一定规模的企业研发中心。

（3）提高内外贸易的数量、品质和加快产业集群的培育来提升声誉资本的提升。

首先，要对贸易结构进行优化，在提升产品的质量的同时坚持科技促进贸易的战略。对于优势农产品、低能耗环保型产品等高科技产品的出口，各地政府应该制定优惠政策给以鼓励，同时还要通过多重途径，促使高科技含量、附加值增幅大的制造环节和研发机构来我国落户，从而使加工贸易向更高层次升级。另外，还要进一步加强本区域的产业配套能力建设，与制造加工转型升级相匹配，这样能够不断提高开发和创新的自主性，从代加工向自主设计制造延伸，由中国制造向中国创造转变，提升地区声誉。产业的梯度转移是一种经济发展规律，由于劳动力成本上升等因素，东部沿海的劳动密集型产业可以向中、西部地区转移，成立相应的劳动密集型加工区，东部地区可以建立高新技术产品制造基地，在全球做到领先。这样一方面提升贸易的品质；另一方面又增长贸易额数量，从而达到提升区域声誉资本的目的。

其次，发挥政府在产业集群战略中的积极作用来提升区域声誉资本。产业集群主要是相关类制造企业通过经济联系纽带，集聚在一个相对集中的空间位置，有利于降低成本，加速知识转移和创新。一般来说，产业集群有其内在的市场机制，通过这种机制吸引不同的资源在一定的空间位置进行整合。但是众多的研究成果表明，在市场发育不成熟、区域经济发展不均衡非常严重的情况下，在集群形成的过程中，政府的作用非常重要。完善相应的基础条件、营造良好的氛围、制度的完善等都是政府必须完成的相关职责。在突出引导和服务功能的同时，还要消除在聚群形成过程中一些消极的和负面的因素。当然，政府的作用不是解决怎么建立产业集群，而是通过分析，发现区域中处于萌芽状态的集群的雏形，通过各种政策、措施的制定，促使该集群的进一步发展，乃至成熟。美国学者波特的研究表明，一个国家或该区域的政府制定的相关政策，对该国或该区域的竞争优势有积极的也有负面的影响。所以，政府要做到"有所为有所不为"。放松管制、尽可能提供企业所需的公共产品或服务，降低企业的运行成本，这就是有所为；减少不必要的干预，由市场来配置资源，从而使企业降低成本，提升自身的竞争优势，这就是有所不为。

（4）加大交通、电信等基础设施来提升本区域的流程资本。

加强区域间的交通、信息网络建设，加速技术创新的扩散。技术创新在区域间及区域内的扩散必须借助于一定的联系通道，通道质量好坏直接影响创新扩散的方向和速度。随着交通、通信技术的进步，联系通道的建设显得越来越重要。这也给处于经济发展较为落后位置的区域以发展机会，如能迅速改善自身交通、信息网络条件，增强创新接收能力，就有可能率先接受创新的扩散，从而有利于缩小区域乃至全球的知识差距。政府、企业团体和个人的网络平台建设要超前于区域经济发展建设的步伐，为均衡发展服务，力争各种信息滚动穿越不同地区、不同行业而产出效益。加快经济社会发展、提升自身在众多区域中的位次。

（5）推动市场化改革、转变政府职能来提升制度资本。

应该说，经过40年快速发展的积累，无论在经济基础、资本积累还是技术的进步、人力资源等方面，东部地区有着中、西部地区无法达到的优势，非均衡发展的态势短期内很难改变，要向协调、均衡发展。政府所做的应该是提升东部地区的标杆作用，进一步鼓励其加快发展，然后通过一定的制度安排让东部地区"反哺"中、西部地区，具体有以下几点建议。

第一，东部地区应该进一步推进市场化改革，让价格机制和市场机制在资源配置方面发挥更大的作用。从市场发育程度来看，东部地区比中、西部地区要好得多，实际上多年计划经济遗留的惯性、体制弊端等在东部地区并没有彻底消失。东部地区有必要继续推进市场化，尽量减少政府干预，对于经济的规划、引导要从阶段性来分析，如果市场的良性循环已经形成，就应该让市场自身来发挥作用，政府不能再进行干预，从而把政府有限的资源优先投入到更需要、效率发挥更高的领域。

第二，进一步提升东部地区经济一体化进程。1978年到现在，东部地区在经济发展的过程中，随着制度的变迁，在地理位置上隶属于珠三角和长三角地区的一些省份之间，在制度融合的同时，产业也在进行整合，也出现了一些类似于欧洲的一些都市群，区域经济一体化明显。这种一体化可以提高整个区域在经济方面的辐射功能，提升区域竞争实力。因此，为了提高东部地区的经济一体化，跨省份、贯区域的市场格局要建立起来，加速资源共享和知识传播，促进创新，实现商品、资金、技术和人才等各类市场的一体化，以此来带动、促进区域经济一体化。

对于中、西部地区，则可以通过以下一些制度安排来加快区域经济发展。

第一，借鉴东部沿海地区经济发展的经验，充分利用"后发优势"。实践证明，东部沿海地区的经验就是通过经济开放，引进外国直接投资，大力发展非国有经济，在旧体制形成新的市场经济体制因素，并以其高效率的示范效应，对旧体制形成强大冲击，不断推动体制改革取得实质性进展。中西部地区在发展过程中，要借鉴并学习东部地区在市场化进程、经济发展过程中所积累的经验，尽可能避免东部地区曾经犯过的错误和走过的弯路。通过学习来获取高效率，发挥后发优势，快速减小与东部的经济发展差距。

第二，提高政府的效率，增强制度供给能力。政府的职能不在于干预市场怎么来运行，而在在于制定相关的市场规则，并约束不同的经济实体来遵守规则，降低市场交易成本和为形成良好、有序的市场作出努力。规则里面包括产业政策、法律法规、经济规划等。所有这些职能的实现要求中、西部地区各级政府提高认识，提高制度供给的意愿和能力，有所作为，服务社会，规范市场行为，从而保障经济健康发展。

第三，大力推进中、西部地区的市场改革进程。理论研究和实证分析证明，跟东部地区相比较，中、西部地区落后最为明显的就是市场化进程较低，也就是说中西部地区经济体制改革明显落后，商品、要素市场发育程度低。所以，要有效缩小差距，根本出路在于加快制度创新，为提升中、西部地区的市场发育程度创造良好的制度环境。在资本形成方面，中、西部地区需要完善各项投资制度，营造稳定的高回报率的政策环境和投资环境，大力吸引资本的流入。比如要逐步放宽对资本的管制，开放资本投资渠道，吸引资本在区域内聚集；制定各项优惠政策，加大对资本的吸引力度；充分利用产业梯度转移的机遇，在东部地区产业结构升级转化时期，承接相应的劳动、资源密集型产业，这样可以形成新的经济增长点，进一步来带动中、西部区域经济的快速增长。

附　录　1

附表 1　　**我国各省份（2008 年）人力资本各维度得分指数**

区域人力资本维度指标得分计量（一）

地区	教育水平 H₁				社会保障 H₃	
	人均教育经费指数 H₁₁	大专以上学历占本区域人口比重指数 H₁₂	10 万人在校大学生数指数 H₁₃	高中学历以上人数占总人口比重指数 H₁₄	人均社会保障补助支出指数 H₃₁	人均抚恤和社会救济费用支出指数 H₃₂
北京	0.985	4.833	3.798	1.710	0.533	1.135
天津	0.763	2.488	2.533	1.745	1.325	0.911
河北	0.724	0.641	0.898	0.844	0.796	0.709
山西	1.107	1.092	0.986	1.080	1.603	1.198
内蒙古	0.883	1.078	0.778	1.115	0.938	0.970
辽宁	0.801	1.594	1.310	1.075	2.451	1.302
吉林	0.957	1.173	1.229	1.254	2.144	1.601
黑龙江	0.991	1.026	1.151	1.147	2.442	1.522
上海	0.814	3.461	2.316	1.944	1.088	0.613
江苏	0.670	1.200	1.267	1.115	0.434	0.524
浙江	0.716	1.378	1.165	0.944	0.257	0.551
安徽	1.013	0.773	0.744	0.718	1.186	1.258
福建	0.696	0.953	0.912	1.004	0.172	0.675
江西	1.107	0.749	1.159	1.074	1.166	1.418
山东	0.612	0.940	0.997	0.996	0.343	0.524
河南	0.854	0.670	0.733	0.952	0.742	0.930
湖北	0.824	1.290	1.400	1.180	1.581	1.372
湖南	0.87	0.828	0.947	1.123	1.518	1.310
广东	0.649	0.932	0.896	1.216	0.210	0.468
广西	1.114	0.729	0.676	0.800	0.742	0.882

续表

区域人力资本维度指标得分计量（一）

地区	教育水平 H_1				社会保障 H_3	
	人均教育经费指数 H_{11}	大专以上学历占本区域人口比重指数 H_{12}	10万人在校大学生数指数 H_{13}	高中学历以上人数占总人口比重指数 H_{14}	人均社会保障补助支出指数 H_{31}	人均抚恤和社会救济费用支出指数 H_{32}
海南	1.155	0.873	0.757	1.041	1.478	1.292
重庆	1.033	0.742	1.050	0.829	1.500	1.274
四川	0.977	0.750	0.779	0.745	1.159	1.397
贵州	2.125	0.436	0.501	0.543	1.356	1.900
云南	1.408	0.499	0.574	0.515	0.955	1.469
西藏	3.437	0.168	0.558	0.217	1.914	3.121
陕西	1.183	1.237	1.404	1.187	1.724	0.134
甘肃	1.607	0.541	0.786	0.922	2.093	1.640
青海	1.558	0.959	0.515	0.819	3.086	2.321
宁夏	1.864	1.158	0.832	0.928	1.766	1.722
新疆	1.420	1.381	0.780	0.878	1.188	1.481

注：原始数据来自2008年《中国统计年鉴》以及各省（区、市）的统计年鉴，并经过计算处理。

附表2　　我国各省份（2008年）人力资本各维度得分指数

区域人力资本维度指标得分计量（二）

地区	医疗卫生 H_2					
	人均卫生事业费指数 H_{21}	万人均拥有医生数量指数 H_{22}	万人均拥有病床数指数 H_{23}	医疗人员中卫生技术人员比率 H_{24}	医疗人员中执业（助理）医师比率 H_{25}	医疗人员中注册护士比率 H_{26}
北京	1.800	2.200	1.937	0.942	0.886	1.065
天津	0.888	1.549	1.525	0.962	0.937	1.001
河北	0.700	1.013	0.943	1.004	1.062	0.841
山西	1.214	1.330	1.249	1.023	1.084	0.976
内蒙古	0.959	1.386	1.094	1.035	1.126	0.902
辽宁	0.769	1.445	1.579	0.975	0.975	1.097

续表

区域人力资本维度指标得分计量（二）

地区	医疗卫生 H$_2$					
	人均卫生事业费指数 H$_{21}$	万人均拥有医生数量指数 H$_{22}$	万人均拥有病床数指数 H$_{23}$	医疗人员中卫生技术人员比率 H$_{24}$	医疗人员中执业（助理）医师比率 H$_{25}$	医疗人员中注册护士比率 H$_{26}$
吉林	1.025	1.429	1.250	0.966	1.040	0.967
黑龙江	0.956	1.119	1.211	0.978	0.981	0.929
上海	0.965	1.652	1.931	0.957	0.920	1.149
江苏	0.673	1.000	1.040	0.994	0.980	1.018
浙江	0.863	1.251	1.118	1.029	1.050	1.006
安徽	0.920	0.749	0.820	1.007	0.947	0.985
福建	0.728	0.853	0.893	1.028	1.037	1.141
江西	1.004	0.781	0.763	1.019	0.993	1.062
山东	0.540	1.036	1.044	1.045	1.074	1.044
河南	0.800	0.810	0.896	0.955	0.884	0.897
湖北	0.965	1.043	0.939	1.007	0.973	1.058
湖南	0.744	0.913	0.945	1.013	1.011	0.948
广东	0.643	0.925	0.890	0.984	0.898	1.084
广西	1.126	0.791	0.771	1.007	0.957	1.109
海南	1.178	0.961	0.896	0.981	0.902	1.163
重庆	0.817	0.880	0.091	0.997	1.097	0.885
四川	1.083	0.925	0.922	1.012	1.104	0.903
贵州	2.142	0.722	0.662	1.041	1.099	1.003
云南	2.320	0.830	0.922	1.022	1.111	1.051
西藏	1.529	1.011	1.003	0.981	1.114	0.678
陕西	1.035	1.069	1.117	0.984	0.980	0.916
甘肃	1.659	0.913	0.952	1.034	1.013	0.903
青海	2.937	1.031	1.061	1.048	1.068	1.094
宁夏	1.605	1.199	1.137	1.027	1.071	1.071
新疆	1.600	1.375	1.528	1.012	1.001	1.040

注：原始数据来自 2008 年《中国统计年鉴》以及各省（区、市）的统计年鉴，并经过计算处理。

附表 3　　　我国各省份（2008 年）技术创新能力投入指标指数

技术创新能力投入指标 I_1

地区	科学家和工程师人数占全国比例 I_{11}	国有企事业单位专业技术人员数占全国比例 I_{12}	R&D 人员全时当量总计占全国比例 I_{13}	R&D 经费内部支出额占全国比例 I_{14}	R&D 经费占GDP 的比例 I_{15}
北京	0.1147	0.0151	0.1080	0.1362	0.0540
天津	0.0263	0.0110	0.0258	0.0309	0.0227
河北	0.0262	0.0446	0.0261	0.0243	0.0066
山西	0.0198	0.0305	0.0212	0.0133	0.0086
内蒙古	0.009	0.0216	0.0089	0.0065	0.0040
辽宁	0.0452	0.0317	0.0444	0.0446	0.0150
吉林	0.0208	0.0248	0.0187	0.0137	0.0096
黑龙江	0.0298	0.0301	0.0278	0.0178	0.0093
上海	0.0536	0.0150	0.0519	0.0829	0.0252
江苏	0.0848	0.0443	0.0924	0.1159	0.0167
浙江	0.0626	0.0306	0.0745	0.0759	0.0150
安徽	0.0209	0.0316	0.0208	0.0193	0.0097
福建	0.0263	0.0230	0.0274	0.0221	0.0089
江西	0.0152	0.0274	0.0156	0.0131	0.0089
山东	0.0701	0.0663	0.0671	0.0842	0.012
河南	0.0340	0.0560	0.0374	0.0273	0.0067
湖北	0.0409	0.0357	0.0388	0.0300	0.0121
湖南	0.0252	0.0402	0.0259	0.0198	0.008
广东	0.1244	0.0548	0.1149	0.1090	0.0130
广西	0.0125	0.0331	0.0116	0.0059	0.0037
海南	0.0007	0.0055	0.0007	0.0007	0.0021
重庆	0.0181	0.0166	0.0182	0.0127	0.0114
四川	0.0442	0.0443	0.0454	0.0375	0.0132
贵州	0.0065	0.0233	0.0065	0.0037	0.005
云南	0.0105	0.0293	0.0103	0.0070	0.0055
西藏	0.0003	0.0019	0.0004	0.0002	0.0020

地区	技术创新能力投入指标 I_1				
	科学家和工程师人数占全国比例 I_{11}	国有企事业单位专业技术人员数占全国比例 I_{12}	R&D 人员全时当量总计占全国比例 I_{13}	R&D 经费内部支出额占全国比例 I_{14}	R&D 经费占GDP 的比例 I_{15}
陕西	0.0360	0.0275	0.0375	0.0328	0.0223
甘肃	0.0102	0.0192	0.0108	0.0069	0.0095
青海	0.0016	0.0045	0.0017	0.0010	0.0049
宁夏	0.0033	0.0052	0.0032	0.0020	0.0084
新疆	0.0056	0.0182	0.0051	0.0027	0.0028

注：原始数据来自 2008 年《中国统计年鉴》《中国科技统计年鉴》以及各省（区、市）统计网站，经过计算整理。

附表 4   我国各省份（2008 年）技术创新能力产出指标指数

地区	技术创新能力产出指标 I_2						
	专利申请量占全国比例 I_{21}	专利授权量占全国比例 I_{22}	发明专利申请量占全国比例 I_{23}	发明专利授权量占全国比例 I_{24}	国际科技论文数占全国比例 I_{25}	技术市场成交额占全国比例 I_{26}	大型工业企业新产品产值占全国比例 I_{27}
北京	0.0540	0.0496	0.1226	0.1510	0.2130	0.3964	0.0568
天津	0.0268	0.0185	0.0350	0.0364	0.0356	0.0325	0.0514
河北	0.0134	0.0178	0.0137	0.0145	0.0136	0.0074	0.0186
山西	0.0057	0.0066	0.0079	0.0096	0.0082	0.0037	0.0125
内蒙古	0.0034	0.0044	0.0037	0.0038	0.0012	0.0049	0.0056
辽宁	0.0333	0.0319	0.0360	0.0382	0.0494	0.0417	0.0340
吉林	0.0090	0.0095	0.0107	0.0142	0.0292	0.0079	0.0303
黑龙江	0.0123	0.0143	0.0156	0.0209	0.0374	0.0157	0.0101
上海	0.0805	0.0812	0.0994	0.1020	0.1114	0.1594	0.1032
江苏	0.1517	0.1053	0.1083	0.0695	0.0766	0.0352	0.1207
浙江	0.1175	0.1395	0.0623	0.0693	0.0604	0.0204	0.0980
安徽	0.0103	0.0113	0.0105	0.0099	0.0315	0.0119	0.0181
福建	0.0193	0.0257	0.0142	0.0105	0.0151	0.0065	0.0329

续表

	技术创新能力产出指标 I_2						
地区	专利申请量占全国比例 I_{21}	专利授权量占全国比例 I_{22}	发明专利申请量占全国比例 I_{23}	发明专利授权量占全国比例 I_{24}	国际科技论文数占全国比例 I_{25}	技术市场成交额占全国比例 I_{26}	大型工业企业新产品产值占全国比例 I_{27}
江西	0.0060	0.0069	0.0066	0.0055	0.0051	0.0045	0.0118
山东	0.0799	0.0757	0.0575	0.0449	0.0379	0.0202	0.0975
河南	0.0254	0.0232	0.0188	0.0176	0.0114	0.0118	0.0266
湖北	0.0296	0.0219	0.0242	0.0277	0.0572	0.0235	0.0259
湖南	0.0192	0.0189	0.0240	0.0230	0.0363	0.0207	0.0191
广东	0.1747	0.1872	0.1744	0.1163	0.0406	0.0597	0.1271
广西	0.0059	0.0063	0.0062	0.0059	0.0039	0.0004	0.0113
海南	0.0011	0.0010	0.0008	0.0016	0.0004	0.0003	0.0021
重庆	0.0114	0.0166	0.0105	0.0111	0.0127	0.0178	0.0271
四川	0.0327	0.0329	0.0223	0.0258	0.0365	0.0136	0.0278
贵州	0.0047	0.0057	0.0057	0.0073	0.0016	0.0003	0.0043
云南	0.0053	0.0071	0.0066	0.0115	0.0057	0.0044	0.0068
西藏	0.0002	0.0002	0.0002	0.0001	0.0000	0.0000	0.0000
陕西	0.0145	0.0114	0.0158	0.0236	0.0509	0.0136	0.0106
甘肃	0.0027	0.0034	0.0039	0.0056	0.0146	0.0118	0.0059
青海	0.0007	0.0007	0.0006	0.0009	0.0004	0.0024	0.0009
宁夏	0.0014	0.0010	0.0007	0.0010	0.0003	0.0003	0.0012
新疆	0.0039	0.0051	0.0031	0.0028	0.0015	0.0032	0.0020

注：原始数据来自 2008 年《中国统计年鉴》《中国科技统计年鉴》以及各省（区、市）统计网站，经过计算整理。

附表 5　　我国各省份（2008 年）技术创新能力环境指标指数

	技术创新能力环境指标 I_3					
地区	从业人员中大专以上文化程度比例 I_{31}	地区高校拥有数量占全国比例 I_{32}	R&D 机构数量占全国比例 I_{33}	高技术产品出口额占总出口额比例 I_{34}	区域人均 GDP 与全国人均的比值 I_{35}	外商直接投资额占全国比例 I_{36}
北京	0.3013	0.0414	0.0141	0.0888	3.074	0.0425
天津	0.1574	0.0241	0.0157	0.0329	2.4359	0.0402

	技术创新能力环境指标 I₃					
地区	从业人员中大专以上文化程度比例 I_{31}	地区高校拥有数量占全国比例 I_{32}	R&D 机构数量占全国比例 I_{33}	高技术产品出口额占总出口额比例 I_{34}	区域人均 GDP 与全国人均的比值 I_{35}	外商直接投资额占全国比例 I_{36}
河北	0.0416	0.0461	0.0217	0.0117	1.0498	0.0141
山西	0.0719	0.0309	0.0521	0.0053	0.895	0.0086
内蒙古	0.0746	0.0194	0.0313	0.0036	1.3411	0.0083
辽宁	0.1000	0.0414	0.0527	0.0274	1.3589	0.0527
吉林	0.0749	0.0231	0.0313	0.0047	1.0237	0.0152
黑龙江	0.064	0.0356	0.0591	0.008	0.9759	0.007
上海	0.2134	0.0314	0.0275	0.1301	3.5052	0.1246
江苏	0.0812	0.0618	0.0396	0.1608	1.7919	0.1852
浙江	0.0859	0.0383	0.0288	0.0814	1.9759	0.0706
安徽	0.0393	0.0466	0.0358	0.0073	0.6362	0.0115
福建	0.0567	0.0377	0.0387	0.0342	1.3683	0.0498
江西	0.0722	0.0346	0.0307	0.0043	0.6672	0.014
山东	0.0578	0.0577	0.0748	0.0563	1.4686	0.0467
河南	0.0404	0.043	0.0383	0.0059	0.8457	0.0124
湖北	0.0816	0.0451	0.0431	0.0068	0.8559	0.0152
湖南	0.0617	0.0519	0.0396	0.0045	0.7654	0.0118
广东	0.0646	0.0571	0.054	0.2918	1.7509	0.17
广西	0.0401	0.0294	0.0374	0.0043	0.6631	0.0106
海南	0.0626	0.0073	0.0064	0.0016	0.7687	0.0456
重庆	0.0377	0.0199	0.007	0.0034	0.7743	0.0096
四川	0.041	0.0398	0.0454	0.0066	0.6809	0.013
贵州	0.0322	0.0194	0.0249	0.001	0.3652	0.0014
云南	0.0402	0.0267	0.0323	0.004	0.5567	0.0057
西藏	0.0121	0.0031	0.0061	0.0002	0.6395	0.0002
陕西	0.0773	0.0398	0.0275	0.0032	0.7715	0.008
甘肃	0.0383	0.0178	0.0294	0.0025	0.5464	0.0015

<table>
<tr><td colspan="7" align="center">技术创新能力环境指标 I₃</td></tr>
</table>

地区	从业人员中大专以上文化程度比例 I₃₁	地区高校拥有数量占全国比例 I₃₂	R&D 机构数量占全国比例 I₃₃	高技术产品出口额占总出口额比例 I₃₄	区域人均 GDP 与全国人均的比值 I₃₅	外商直接投资额占全国比例 I₃₆
青海	0.0707	0.0058	0.0058	0.0003	0.753	0.0012
宁夏	0.0743	0.0068	0.0086	0.0007	0.7737	0.0011
新疆	0.0897	0.0168	0.0339	0.0063	0.8978	0.0015

注：原始数据来自 2008 年《中国统计年鉴》《中国科技统计年鉴》以及各省（区、市）统计网站，经过计算整理。

附表 6　　我国各省份（2008 年）区域声誉资本中国内贸易得分指数

地区	国内贸易 M₂				
	社会消费品零售总额占 GDP 比重 M₂₁	工业产品销售率 M₂₂	货物和服务净流出占 GDP 比重 M₂₃	限额以上批发和零售业商品购进总额占 GDP 比重 M₂₄	限额以上批发和零售业商品销售总额占 GDP 比重 M₂₅
北京	0.4063	0.9856	-0.0308	1.6921	1.7809
天津	0.3175	0.9964	0.0126	1.3147	1.2002
河北	0.2908	0.9923	0.0754	0.1338	0.1545
山西	0.3339	0.9791	-0.0105	0.3385	0.3802
内蒙古	0.3126	0.9801	-0.1699	0.1826	0.2123
辽宁	0.3656	0.9806	0.0094	0.5415	0.5839
吉林	0.3783	0.9606	-0.1641	0.1913	0.2288
黑龙江	0.33	0.9866	0.0727	0.1921	0.2122
上海	0.3157	0.9861	0.0496	1.2617	1.2906
江苏	0.3045	0.9831	0.0992	0.3439	0.3724
浙江	0.3309	0.976	0.0861	0.8184	0.6997
安徽	0.3264	0.9771	-0.005	0.2954	0.3287
福建	0.3447	0.9771	0.0395	0.4995	0.4539
江西	0.306	0.9858	-0.0109	0.1589	0.1821
山东	0.325	0.9829	0.0816	0.273	0.2859

地区	国内贸易 M₂				
	社会消费品零售总额占 GDP 比重 M_{21}	工业产品销售率 M_{22}	货物和服务净流出占 GDP 比重 M_{23}	限额以上批发和零售业商品购进总额占 GDP 比重 M_{24}	限额以上批发和零售业商品销售总额占 GDP 比重 M_{25}
河南	0.3062	0.9833	−0.0123	0.2162	0.2318
湖北	0.4364	0.9793	0.0108	0.3424	0.3658
湖南	0.3648	0.9905	−0.0183	0.1757	0.1944
广东	0.3409	0.9783	0.1534	0.534	0.5596
广西	0.3187	0.9693	−0.0608	0.218	0.2213
海南	0.2959	0.9897	0.0091	0.3616	0.3851
重庆	0.403	0.9708	−0.2027	0.3881	0.4472
四川	0.3822	0.9796	−0.0335	0.2481	0.2596
贵州	0.2997	0.9668	−0.2967	0.1546	0.2414
云南	0.2941	0.9831	−0.1758	0.4608	0.5801
西藏	0.3273	0.936	−0.5009	0.0669	0.0818
陕西	0.3295	0.9749	−0.0613	0.3472	0.3733
甘肃	0.3084	0.9726	−0.0871	0.4795	0.457
青海	0.2658	0.9711	−0.284	0.1878	0.2139
宁夏	0.2624	0.9683	−0.3296	0.2823	0.3068
新疆	0.2406	0.9944	−0.1412	0.5881	0.6326

注：原始数据来自 2008 年《中国统计年鉴》《中国科技统计年鉴》以及各省（区、市）统计网站，并经过计算处理。

附表7　我国各省份（2008 年）区域声誉资本中国内贸易及区域品牌得分指数

地区	国际贸易 M₁				区域品牌 M₃	
	实际外商直接投资占 GDP 比重 M_{11}	进出口总额占 GDP 比重 M_{12}	接待外国游客占全国接待人数比重 M_{13}	国际旅游（外汇）收入占 GDP 比重 M_{14}	驰名商标数占全国比例 M_{31}	质量损失率（倒数）M_{32}
北京	0.3081	0.6669	0.0902	0.0372	0.0555	2.9412
天津	0.5882	1.1377	0.0224	0.0117	0.0172	7.6923

地区	国际贸易 M_1				区域品牌 M_3	
	实际外商直接投资占GDP比重 M_{11}	进出口总额占GDP比重 M_{12}	接待外国游客占全国接待人数比重 M_{13}	国际旅游（外汇）收入占GDP比重 M_{14}	驰名商标数占全国比例 M_{31}	质量损失率（倒数）M_{32}
河北	0.0581	0.1912	0.0174	0.0017	0.0324	2.9851
山西	0.0717	0.2021	0.0106	0.0029	0.0178	5.8824
内蒙古	0.0723	0.1135	0.0347	0.0068	0.0139	4.2553
辽宁	0.3718	0.4496	0.0402	0.0085	0.0317	3.7846
吉林	0.1475	0.1627	0.0104	0.0026	0.0159	2.7778
黑龙江	0.0684	0.1983	0.0317	0.0069	0.0119	1.5152
上海	0.7297	1.7085	0.1043	0.0292	0.0502	10.000
江苏	0.5121	1.0996	0.087	0.0102	0.0978	8.3333
浙江	0.2499	0.8065	0.081	0.011	0.1493	3.0534
安徽	0.1049	0.1625	0.0175	0.0036	0.0211	1.1364
福建	0.3953	0.6190	0.0238	0.0178	0.0806	1.2658
江西	0.2135	0.1426	0.0056	0.0027	0.0152	16.6667
山东	0.1133	0.4123	0.0476	0.004	0.0931	1.8797
河南	0.0478	0.0720	0.0131	0.0016	0.0225	3.8462
湖北	0.1005	0.1261	0.0254	0.0034	0.0178	1.2158
湖南	0.0826	0.0843	0.0206	0.0053	0.0363	9.0909
广东	0.4163	1.5960	0.1481	0.0213	0.1162	13.3333
广西	0.1186	0.1336	0.0293	0.0074	0.0099	7.8903
海南	0.6337	0.4396	0.014	0.0187	0.0073	20.0000
重庆	0.1405	0.1321	0.0147	0.0071	0.0145	9.0909
四川	0.0837	0.0986	0.0253	0.0037	0.0357	2.3256
贵州	0.0331	0.0888	0.0036	0.0036	0.0059	5.5556
云南	0.0729	0.1411	0.0341	0.0138	0.0040	12.5000
西藏	0.0494	0.0704	0.008	0.0301	0.0033	13.0679
陕西	0.0959	0.1146	0.0231	0.0085	0.0092	16.6667
甘肃	0.0299	0.1653	0.0055	0.002	0.0026	33.3333

地区	国际贸易 M₁				区域品牌 M₃	
	实际外商直接投资占 GDP 比重 M_{11}	进出口总额占 GDP 比重 M_{12}	接待外国游客占全国接待人数比重 M_{13}	国际旅游（外汇）收入占 GDP 比重 M_{14}	驰名商标数占全国比例 M_{31}	质量损失率（倒数） M_{32}
青海	0.071	0.0659	0.0009	0.0015	0.0053	23.4580
宁夏	0.0686	0.1678	0.0002	0.0002	0.0020	4.3478
新疆	0.0279	0.3333	0.0095	0.0035	0.0040	8.3333

注：原始数据来自 2008 年《中国统计年鉴》《中国科技统计年鉴》以及各省（区、市）统计网站，经过计算处理。

附表8　　我国各省份（2008 年）区域流程资本的维度得分指数（一）

地区	区域社会内部流动与流通机制 P₁				
	客运总量占全国比重 P_{11}	货运总量占全国比重 P_{12}	职业介绍机构个数占全国的比重 P_{13}	职业指导人数占全国比重 P_{14}	移动电话交换机容量占全国比重 P_{15}
北京	0.0073	0.0087	0.0168	0.0334	0.028
天津	0.0031	0.0221	0.0045	0.0098	0.0125
河北	0.0399	0.0426	0.0595	0.0558	0.0462
山西	0.0197	0.0682	0.0074	0.0188	0.0218
内蒙古	0.0174	0.0434	0.0309	0.0251	0.0235
辽宁	0.0317	0.0514	0.0587	0.0413	0.0319
吉林	0.0141	0.0167	0.0374	0.0307	0.0229
黑龙江	0.0289	0.0308	0.0304	0.0222	0.0264
上海	0.0041	0.0344	0.0126	0.0280	0.0307
江苏	0.0841	0.0620	0.1052	0.1113	0.0613
浙江	0.0853	0.0678	0.0665	0.0439	0.069
安徽	0.0390	0.0366	0.0500	0.0429	0.0237
福建	0.0286	0.0225	0.0293	0.0236	0.0435
江西	0.0196	0.0180	0.0484	0.0419	0.0226
山东	0.0557	0.0858	0.0559	0.0576	0.0893

地区	区域社会内部流动与流通机制 P_1				
	客运总量占全国比重 P_{11}	货运总量占全国比重 P_{12}	职业介绍机构个数占全国的比重 P_{13}	职业指导人数占全国比重 P_{14}	移动电话交换机容量占全国比重 P_{15}
河南	0.0549	0.0445	0.0406	0.0878	0.0479
湖北	0.0370	0.0241	0.0278	0.0224	0.0388
湖南	0.0554	0.0440	0.0239	0.0236	0.0291
广东	0.0894	0.0665	0.0497	0.0708	0.1329
广西	0.0273	0.0215	0.0083	0.0124	0.0231
海南	0.0181	0.0079	0.0020	0.0000	0.0056
重庆	0.0345	0.0221	0.0111	0.0122	0.0216
四川	0.0930	0.0358	0.0438	0.0332	0.041
贵州	0.0334	0.0118	0.0125	0.0120	0.0169
云南	0.0205	0.0314	0.0472	0.0355	0.0271
西藏	0.0002	0.0002	0.0006	0.0000	0.0013
陕西	0.0219	0.0216	0.0617	0.0494	0.0275
甘肃	0.0092	0.0134	0.0222	0.0176	0.0125
青海	0.0025	0.0035	0.0100	0.0066	0.003
宁夏	0.0037	0.0046	0.0072	0.0057	0.0041
新疆	0.0124	0.0144	0.0187	0.0192	0.0139

注：原始数据来自 2008 年《中国统计年鉴》《中国科技统计年鉴》以及各省（区、市）统计网站，并经过计算处理。

附表 9   我国各省份（2008 年）区域流程资本的维度得分指数（二）

地区	区域社会沟通与交流机制 P_2			
	邮电业务量占GDP 比重 P_{21}	移动电话用户数占全国比重 P_{22}	固定电话用户数占全国比重 P_{23}	因特网用户数占全国比重 P_{24}
北京	0.0753	0.0292	0.0250	0.0351
天津	0.0601	0.0135	0.0109	0.0137
河北	0.0618	0.0514	0.0418	0.0363

续表

区域社会沟通与交流机制 P₂			
地区	邮电业务量占GDP 比重 P_{21}	移动电话用户数占全国比重 P_{22}	固定电话用户数占全国比重 P_{23}	因特网用户数占全国比重 P_{24}
山西	0.0765	0.0260	0.0225	0.0255
内蒙古	0.0598	0.0191	0.0138	0.0153
辽宁	0.0641	0.0358	0.0456	0.0373
吉林	0.0776	0.0240	0.0200	0.0207
黑龙江	0.0726	0.0265	0.0296	0.0227
上海	0.0681	0.0325	0.0280	0.0395
江苏	0.0513	0.0605	0.0882	0.0837
浙江	0.0725	0.0645	0.0659	0.0719
安徽	0.0608	0.0258	0.0409	0.0280
福建	0.0865	0.0330	0.0405	0.0412
江西	0.0744	0.0216	0.0242	0.0243
山东	0.0477	0.0683	0.0682	0.0598
河南	0.0618	0.0533	0.0507	0.0455
湖北	0.0633	0.0355	0.0350	0.0336
湖南	0.0691	0.0329	0.0361	0.0329
广东	0.102	0.1433	0.1026	0.1592
广西	0.0808	0.0253	0.0244	0.0267
海南	0.1021	0.0059	0.0066	0.0069
重庆	0.0889	0.0215	0.0198	0.0170
四川	0.0745	0.0439	0.0480	0.0385
贵州	0.1068	0.0152	0.0143	0.0107
云南	0.0991	0.0246	0.0172	0.0144
西藏	0.0902	0.0013	0.0018	0.0017
陕西	0.0971	0.0295	0.0253	0.0246
甘肃	0.0812	0.0125	0.0160	0.0104
青海	0.0689	0.0041	0.0034	0.0029
宁夏	0.0899	0.0049	0.0038	0.0029
新疆	0.0865	0.0148	0.0185	0.0173

注：原始数据来自 2008 年《中国统计年鉴》《中国科技统计年鉴》以及各省（区、市）统计网站，并经过计算处理。

附表 10　　我国各省份（2008 年）区域流程资本的维度得分指数（三）

纸质信息流通机制 P_3

地区	图书总印数占全国比重 P_{31}	图书总印张数占全国比重 P_{32}	期刊总印数占全国比重 P_{33}	期刊总印张数占全国比重 P_{34}	报刊总印数占全国比重 P_{35}	报刊总印张数占全国比重 P_{36}
北京	0.0099	0.0140	0.0114	0.0153	0.0218	0.0324
天津	0.0070	0.0080	0.0121	0.0117	0.0210	0.0313
河北	0.0250	0.0204	0.0144	0.0114	0.0530	0.0305
山西	0.0187	0.0171	0.0186	0.0201	0.0481	0.0192
内蒙古	0.0124	0.0118	0.0040	0.0033	0.0057	0.0027
辽宁	0.0106	0.0106	0.0320	0.0237	0.0368	0.0437
吉林	0.0200	0.0204	0.0329	0.0287	0.0205	0.0200
黑龙江	0.0084	0.0082	0.0160	0.0151	0.0179	0.0159
上海	0.0357	0.0459	0.0596	0.0539	0.0419	0.0469
江苏	0.0787	0.0627	0.0292	0.0226	0.0644	0.0682
浙江	0.0405	0.0304	0.0266	0.0208	0.0664	0.0759
安徽	0.0273	0.0186	0.0209	0.0155	0.0244	0.0193
福建	0.0135	0.0108	0.0095	0.0085	0.0227	0.0232
江西	0.0226	0.0168	0.0182	0.0138	0.0155	0.0125
山东	0.0355	0.0336	0.0325	0.0268	0.0634	0.0810
河南	0.0359	0.0280	0.0284	0.0262	0.0479	0.0312
湖北	0.0338	0.0306	0.0778	0.0696	0.0363	0.0284
湖南	0.0497	0.0352	0.0292	0.0243	0.0250	0.0228
广东	0.0369	0.0324	0.0854	0.0947	0.0973	0.1668
广西	0.0402	0.0283	0.0140	0.0109	0.0146	0.0139
海南	0.0087	0.0103	0.0037	0.0050	0.0057	0.0045
重庆	0.0162	0.0133	0.0227	0.0287	0.0122	0.0184
四川	0.0311	0.0284	0.0320	0.0482	0.0355	0.0369
贵州	0.0137	0.0097	0.0045	0.0050	0.0059	0.0050
云南	0.0254	0.0188	0.0092	0.0086	0.0127	0.0174
西藏	0.0019	0.0017	0.0013	0.0009	0.0009	0.0003
陕西	0.0282	0.0250	0.0166	0.0195	0.0143	0.0190

续表

地区	纸质信息流通机制 P_3					
	图书总印数占全国比重 P_{31}	图书总印张数占全国比重 P_{32}	期刊总印数占全国比重 P_{33}	期刊总印张数占全国比重 P_{34}	报刊总印数占全国比重 P_{35}	报刊总印张数占全国比重 P_{36}
甘肃	0.0103	0.0085	0.0419	0.0336	0.0088	0.0068
青海	0.0016	0.0015	0.0007	0.0007	0.0018	0.0013
宁夏	0.0008	0.0007	0.0011	0.0009	0.0026	0.0016
新疆	0.0131	0.0110	0.0037	0.0044	0.0097	0.0069

注：原始数据来自 2008 年《中国统计年鉴》《中国科技统计年鉴》以及各省（区、市）统计网站，并经过计算处理。

附表 11　　　　我国各省份（2008 年）区域制度资本个维度得分指数

地区	区域制度资本得分指数 S				
	各地区最终消费支出中非政府消费支出所占比重 S_{11}	非国有经济在工业总产值中的比重 S_{21}	非国有经济在全社会固定资产总投资中的比重 S_{22}	非国有经济就业人数的占城镇总就业人数的比例 S_{23}	外商投资占GDP 比重 S_{31}
北京	0.5979	0.5370	0.7404	0.6006	0.7123
天津	0.6342	0.6184	0.6728	0.6765	1.248
河北	0.6680	0.6924	0.7826	0.6871	0.1615
山西	0.7228	0.4814	0.6492	0.5008	0.2359
内蒙古	0.6437	0.5996	0.6102	0.5749	0.2141
辽宁	0.7469	0.5584	0.7552	0.6592	0.7503
吉林	0.7031	0.4361	0.7264	0.5352	0.4509
黑龙江	0.6512	0.2739	0.5931	0.3728	0.1559
上海	0.7406	0.6445	0.6487	0.8168	1.6035
江苏	0.6775	0.8759	0.8401	0.9246	1.1285
浙江	0.7292	0.8715	0.7802	0.9596	0.5898
安徽	0.8105	0.5660	0.7145	0.6189	0.2453
福建	0.7334	0.8514	0.6851	0.931	0.8444
江西	0.7328	0.6238	0.6773	0.6989	0.4005
山东	0.6709	0.7868	0.8625	0.8266	0.282

地区	区域制度资本得分指数 S				
	各地区最终消费支出中非政府消费支出所占比重 S_{11}	非国有经济在工业总产值中的比重 S_{21}	非国有经济在全社会固定资产总投资中的比重 S_{22}	非国有经济就业人数占城镇总就业人数的比例 S_{23}	外商投资占 GDP 比重 S_{31}
河南	0. 7056	0. 6722	0. 7932	0. 663	0. 13
湖北	0. 7420	0. 5091	0. 6333	0. 6502	0. 2582
湖南	0. 7427	0. 6042	0. 6797	0. 6911	0. 201
广东	0. 7828	0. 8443	0. 7875	0. 9534	0. 8579
广西	0. 7205	0. 5908	0. 7006	0. 6934	0. 2797
海南	0. 7139	0. 6847	0. 7186	0. 635	5. 8494
重庆	0. 7480	0. 5100	0. 7194	0. 6287	0. 3647
四川	0. 7556	0. 6516	0. 6779	0. 6743	0. 1945
贵州	0. 7537	0. 3623	0. 5848	0. 4162	0. 0776
云南	0. 7044	0. 3941	0. 5428	0. 5446	0. 1898
西藏	0. 3768	0. 5633	0. 3744	0. 4554	0. 113
陕西	0. 7983	0. 2954	0. 5416	0. 3853	0. 2292
甘肃	0. 6911	0. 1981	0. 4715	0. 3749	0. 0862
青海	0. 5371	0. 2577	0. 5833	0. 3965	0. 2354
宁夏	0. 6687	0. 5158	0. 6915	0. 5191	0. 1866
新疆	0. 5249	0. 1998	0. 627	0. 3008	0. 0667

注：原始数据来自 2008 年《中国统计年鉴》《中国科技统计年鉴》以及各省（区、市）统计网站，并经过计算处理。

附 录 2

区域知识资本维度的协矩阵及知结构方程模型程序

Confirmatory Factor Analysis（RIC）

Model M – C

DA NI = 15 NO = 240

KM SY

1

.34 1

.38.35 1

.02.03.04   1

.15.19.14.02   1

.17.15.20.01.42   1

.20.13.12.00.40.21   1

.32.32.21.03.10.10.07 1

.10.17.12.02.15.18.23.13   1

.14.16.15.03.14.19.18.18.37   1

.14.15.19.01.18.30.13.08.38.38   1

.18.16.24.02.14.21.21.22.06.23.18   1

.19.20.15.01.14.24.09.24.15.21.21.45   1

.18.21.18.03.25.18.18.18.22.12.24.28.35   1

.08.18.16.01.22.20.22.12.12.16.21.25.20.26   1

MO NX = 15 NK = 5 PH = ST TD = DI，FR

PA LX

3（1 0 0 0 0）

3（0 1 0 0 0）

3（0 0 1 0 0）

3（0 0 0 1 0）

3（0 0 0 0 1）

PD

OU MI SS SC

参 考 文 献

［1］胡鞍钢．中国地区发展不平衡研究［J］．中国软科学，1995（8）：42－49．

［2］林毅夫，蔡方，李周．中国经济改革的社会结果［J］．中国国情国力，1998（4）：7－9．

［3］王绍光．不应再提效率优先了［J］．领导决策信息，1998（24）：15．

［4］胡鞍钢，熊义志．我国知识发展的地区差距分析：特点、成因及对策［J］．管理世界，2000（3）：5－15．

［5］Bontis N. National Intellectual Capital Index：A United Nations initiative for the Arab region. Journal of Intellectual Capital. 2004. Vol. 5 No. 1：13－39.

［6］管卫华，林振山，顾朝林．中国区域经济发展差异及其原因的多尺度分析［J］．经济研究，2006（7）：117－125．

［7］陈钊，金煜．中国人力资本和教育发展的区域差异：对于面板数据的估算［J］．世界经济，2004（12）：25－31．

［8］郭将．区域后发优势形成的技术和制度支持．博士学位论文［J］．上海：同济大学，2006．

［9］李富强，董直庆．制度主导、要素贡献和我国经济增长动力的分类检验［J］．经济研究，2008（4）：53－65

［10］饱宗豢．知识与权利［M］．上海：上海人民出版社，1996．

［11］余光胜．企业发展的知识分析［M］．上海：上海财经大学出版社，2000：68．

［12］Richard Nelson, Edmund S. Phelps. Investment in Human, Technological Diffusion, and Economic Growth. American Economic Review, 1966（56）：69－75.

［13］Arrow, K. The Economic Implications of learning by doing. Review of Economic Studies, 1962（6）：155－173.

［14］ Romer, Paul M. Increasing return and long-run growth. Journal of Political Economy, 1986（10）: 1002 – 1037.

［15］ Robert E. Lucas. On the Mechanics of Economic Development. Journal of Monetary Economics, 1988（22）: 3 – 42.

［16］ Dasugpat, P., and Stiglizt, J. E.: Industrial Structure and the Nature of Innovative Activity, Economic Journal, 1980: 266 – 293.

［17］ 戴维·克雷恩主编. 智力资本的战略管理（孟庆国、田克录译）［M］. 北京: 新华出版社, 1999.

［18］ Thomas A Stewart. Intellectual capital: the newwealth of organizations ［J］. Double day, 1997: 35.

［19］ Lief Edvinsson and Patrick Sullivan, Developing a model for management intellectual capital ［J］. European Management Journal, 1996, 14（4）: 67.

［20］ Karl Erik Sveiby. The new organizational wealth – Managing and measuring knowledge based assets ［M］. Berrett Koehler Publication, 1997: 231.

［21］ 安妮·布鲁金. 智力资本应用与管理 ［M］. 大连: 东北财经出版社, 2003.

［22］ Liebowitz, J. & Beckman, T. Knowledge organizations: what every manager should know ［M］. Boca Raton: St. Lucie/CRC Press. 1998: 367.

［23］ Johnson, Davie J. Teece. Managing intellectual capital: organizational, strategic, and policy dimensions ［M］. Oxford; New York: Oxford University Press, 1999: 68 – 72.

［24］ Louis A. Lefebvre, Elisabeth Lefebvre, Pierre Mohnen（edited）. Doing business in the knowledge-based economy: facts and policy challenges ［M］. Boston: Kluwer Academic Publishers, 2001: 127.

［25］ Karl Erik Sveiby. The new organizational wealth – Managing and measuring knowledge based assets ［M］. Berrett Koehler Publication, 1997: 241.

［26］ Lief Edvinsson and Patrick Sullivan. Developing a model for management intellectual capital ［J］. European Management Journal, 1966, 14（4）: 125 – 129.

［27］ 朱晓蓓. 知识资本的评估 ［J］. 世界经理人文摘, 2000（2）: 34 – 37.

［28］ Di Stefano, Paul J Kalbaugh. Intellectual Capital: a new measure of performance [J]. Rough Notes, 1999, 142 (7): 26 – 39.

[29] Bukowitz, Wendi R. Visualizing, measuring and managing knowledge [J]. Research Technology Management, 1997, 40 (4): 25 – 29.

[30] Marinane Broadbent. The phenomenon of Knowledge Management: What does it mean to the information profession [J]. Information outlook 1998 (5): 23 – 36.

[31] MalhotraY. Deciphering the knowledge management hype [J]. Journal for quality and participation, July /August 1998: 120 – 128.

[32] 刘炳瑛. 知识资本论 [M]. 北京: 中共中央党校出版社, 2001.

[33] 维娜·艾利. 知识的进化 [M]. 珠海: 珠海出版社, 1999.

[34] 金吾伦. 知识论和当代科学哲学 [J]. 哲学动态, 1986 (2): 27 – 31.

[35] 陈嘉明. 西方的知识研究概况 [J]. 哲学动态, 1997 (6): 44 – 45.

[36] 汪丁丁. 知识沿时间和空间的互补性以及相关的经济学 [J]. 经济研究, 1997 (6): 70 – 78.

[37] 夏先良. 私有协议与标准化的产权政策 [J]. 中国工业经济, 2004 (1): 12 – 20.

[38] 胡军. 什么是知识 [J]. 求是学刊, 1999 (3): 5 – 12.

[39] 张振刚. 论知识创新的动力源——基于组织外部、内部和核心层次的分析框架 [J]. 科学学研究, 2002 (6): 649 – 653.

[40] 钱省三, 龚一之. 科技知识的市场价值及其知识资本的形成模型 [J]. 科学学研究, 1998 (9): 53 – 59.

[41] 陈则孚. 论知识资本的运行与发展 [J]. 中共中央党校学报, 2000 (3): 43 – 49.

[42] 杨文进. 论知识资本的内容 [J]. 山东经济, 2001 (5): 14 – 17.

[43] 刘炳瑛. 资本运行的规律性 [J]. 理论前沿, 2004 (13): 21 – 22

[44] 张原康, 韩经纶. 知识管理: 相关理论与企业创新的现实路径实现 [J]. 生产力研究, 2005 (2): 180 – 182.

[45] 葛秋萍. 知识资本化的获益机制及影响研究 [J]. 科学学与科学技术管理, 2007 (12): 162 – 166.

[46] 刘炳瑛. 知识资本论 [M]. 北京: 中共中央党校出版社, 2001.

［47］张钢. 人力资本、组织资本与组织创新［J］. 科学学研究, 2000 (3): 111 – 112.

［48］陈凡. 技术发展中的知识产权制度及对技术的整合［J］. 东北大学学报, 2004 (1): 12 – 14.

［49］夏先良. 知识论［M］. 北京, 对外经济贸易大学出版社, 2000.

［50］侯经川. 论资本产权、劳动产权和知识产权的统一［J］. 湘潭大学学报, 2000 (4): 87 – 92.

［51］张国. 新资本论［M］. 北京: 科学出版社, 2001.

［52］曾建明. 论我国市场经济条件下资本形态多样化的问题［J］. 四川行政学院学报, 2002 (4): 31 – 34.

［53］陈则孚. 知识资本理论、运行与知识产业化［M］. 北京: 经济管理出版社, 2003.

［54］王学军, 陈武. 区域智力资本与创新能力的关系［J］. 中国工业经济, 2008 (9): 25 – 36.

［55］陈钰芬. 区域智力资本测度指标体系的构建［J］. 统计研究, 2006 (2): 24 – 29.

［56］葛秋萍. 知识经济下完善专家为主导的科技决策［J］. 科学学与科学技术管理, 2003 (8): 49 – 52.

［57］赵静杰. 知识资本化及其评价指标体系分析［J］. 情报科学, 2005 (9): 1314 – 1320.

［58］阿马蒂亚·森. 以自由看待发展［M］. 北京: 中国人民大学出版社, 2002.

［59］Maria Abreu, Henril. Ede Groot, Rayn, J. Spatial patterns of technology diffusion Tinbergen institute discussion Paper. 2004. 6: 24 – 27.

［60］Dmytro Holod, Robert R Reed. Regional spillovers, economy growth, and the effects of economy integration［J］. Economies letters 85 (2004): 35 – 421.

［61］Miehacl E. Gorma. Type of Knowledge and Their Role In Technology Transfer［J］. Journal of Technology Transfer, 2002. 2, 219 – 231.

［62］Christoph Alsleben. The Downside of Knowledge Spillovers: An Explanation for the dispersion of High-tech Industries. GEABA. Session2. 2004. 8: 210 – 216.

［63］ James P. Lesage，R. Kelley Paee. A Matrix Exponential Spatial Specification，2004. 5：121.

［64］ Eckhardt Bode. The spatial pauem of localized R&D spillovers：an empirical investigation for Germany ［J］. Journal of Economy Geography 4 （2004）：43 – 64.

［65］ Michael C. Jensen and K. J. Murphy，Performance Pay and Top – Management Incentives，Journal of Political Economics，2000 （2）：225 – 264.

［66］ 朱美光，韩伯棠. 基于空间知识溢出的中国区域经济协作发展研究框架 ［J］. 经济经纬，2006 （2）：69 – 72.

［67］ M. C. J. Caniels. Knowledge spillovers and economy growth：regional growth differentials Ac-ross Europe ［J］. 2000. ISBN184064236X：24 – 27.

［68］ Max Keiibaeh. Spatial knowledge spillovers land the dynamics of agglomeration and regional growth. ［D］，Physiea Verlag Heidelberg. NEWYORK. 2000. ISBN 37908 – 1321 – 4：120 – 129.

［69］ 拜琦瑞，杨开忠. 论知识可达性与区域经济增长 ［J］. 经济经纬. 2008. 2：64 – 67.

［70］ M. Polanyi，Personal Knowledge ［M］. Chicago：University of Chicago Press，1958：231 – 233.

［71］ Theodore W. Schultz. Investment in human capital ［J］. Am. Econ. Rev. 1961，51：1 – 17.

［72］ Edward Denison. Trends in American Economic Growth，1929 ~ 1982 ［M］. Washington，D. C.：The Brookings Institution，1985：133 – 189.

［73］ Becker，G. S.，"A Theory of the Allocation of Time" ［J］. Economic Journal，1965，75：493 – 517.

［74］ J. Mincer. Investment in human capital and personal income distribution ［J］. Journal of Political Economy，1958：281 – 302.

［75］ K. J. Arrow. The Economic Implication of Learning by Doing ［J］. Review of Economic Studies，1962，Vol. 29，No. 80，73 – 155.

［76］ Paul Schultz T. Wage rentals for reproducible human capital：evidence from Ghana and the Ivory Coast ［J］. Economics & Human Biology，2003，1 （3）：

331 – 366.

[77] Canlas Dante B. Economic growth in the Philippines: theory and evidence [J]. Journal of Asian Economics, 2003, 14 (5): 759 – 769.

[78] Lee Jong – Wha. Human capital and productivity for Korea's sustained economic growth [J]. Journal of Asian Economics, 2005, 16 (4): 663 – 687.

[79] Vandenbussche Philippe Aghion Costas Meghir. Growth, distance to frontier and composition of human capital [J]. J Econ Growth, 2006 (11): 97 – 127.

[80] 沈利生, 朱运法. 人力资本与经济增长 [M]. 北京: 社会科学文献出版社, 1998.

[81] 王德文. 比较优势差异、变化及其对地区差距的影响 [J]. 中国社会科学, 2002 (5): 109 – 117.

[82] 李杰. 中国人力资本投资的内生增长研究 [J]. 世界经济, 2001 (4): 20 – 24.

[83] 杨建芳, 龚六堂, 张庆华. 人力资本形成及其对经济增长的影响——一个包含教育和健康投入的内生增长模型及其检验 [J]. 管理世界, 2006 (5): 10 – 18.

[84] 周晓, 朱农. 论人力资本对中国农村经济增长的作用 [J]. 中国人口科学, 2003 (6): 21 – 28.

[85] 王金营. 西部地区人力资本在经济增长中的作用核算 [J]. 中国人口科学, 2005 (3): 63 – 68.

[86] 颜鹏飞. 技术效率、技术进步与生产率增长: 基于 DEA 的实证分析 [J]. 经济研究, 2004 (12): 26.

[87] 白雪梅. 教育与收入不均等: 中国的经验研究 [J]. 管理世界, 2004 (6): 53 – 58.

[88] 郭剑雄. 人力资本、生育率下城乡收入差距的收敛 [J]. 中国社会科学, 2005 (3): 27 – 37.

[89] 邹薇, 张芬. 农村地区收入差异与人力资本积累 [J]. 中国社会科学, 2006 (2): 27 – 37.

[90] 阿莫德·波尔弗, 利夫·埃德文森. 国家、地区和城市的知识资本 [M]. 北京: 北京大学出版社, 2007.

［91］Guthrie J. The management，measurement and the reporting of intellectual capital ［J］. Journal of intellectual capital，2001（1）：27 –41.

［92］Thomas A Stewart. Intellectual capital：the newwealth of organizations ［M］. Double day，1997：131 –134.

［93］Lief Edvinsson and Patrick Sullivan，Developing a model for management intellectual capital ［J］. European Management Journal，1996，14（4）：32 –37.

［94］Karl Erik Sveiby. The new organizational wealth – Managing and measuring knowledge based assets ［M］. Berrett Koehler Publication，1997：89 –93.

［95］安妮·布鲁金. 智力资本应用与管理 ［M］. 大连：东北财经出版社，2003.

［96］党兴华，李晓梅. 知识资本度量与西部工业知识资本评价 ［J］. 西安理工大学学报，1999（2）：7 –11.

［97］保建云. 论知识资本与农业现代化 ［J］. 黑龙江农垦师专学报，2000（4）：34 –37.

［98］袁丽. 关于智力资本的概念 ［J］. 中国软科学，2000（2）：121 –123.

［99］王勇，许庆瑞. 智力资本及其测度研究 ［J］. 科研管理，2004（4）：89 –95.

［100］严若森. 论企业知识资本的构成、特征与运筹 ［J］. 甘肃理论学刊，1999（3）：19 –21.

［101］李平. 区域智力资本：区域经济研究的新视角 ［J］. 重庆大学学报，2007（5）：78 –82.

［102］陈钰芬. 区域智力资本测度指标体系的构建 ［J］. 统计研究，2006（2）：24 –29.

［103］Nick Bontis. A Review of the Models Used to Measure Intellectual Capital ［M］. Assessing Knowledge Assets，2000：100 –106.

［104］Bontis N. National Intellectual Capital Index：A United Nations Initiative For the Arab Region ［J］. Journal of Intellectual Capital，2004. Vol. 5 No. 1：13 –39.

［105］Andriessen D G，Stam C D. Intellectual Capital of the European Union ［J］. Paper for the 7th McMaster World Congress on the Management of Intellectual Capital and Innovation，2005：231.

［106］谢明香，梁炜来．关于无形资产的特征、基本概念及范围［J］．武汉冶金科技大学学报（社会科学版），1999（4）：34-38.

［107］裘宗舜，肖虹．关于无形资产的特征、基本概念及其分类［J］．财会月刊，1998（3）：37-39.

［108］王勇，许庆瑞．智力资本及其测度研究．研究与发展管理［J］．2002（2）：11-16.

［109］王大勇．企业知识资本化及知识资本积累问题研究［D］．上海：同济大学，2005.

［110］保建云．知识资本-知识经济时代知识资本的开发、经营与管理［J］．西南财经大学出版社，1999.

［111］蔡来兴．推进智力资源资本化［J］．中国人力资源开发，2003（4）：12.

［112］张文楚，何丹，戴晶．建立人力产权法律制度的构想［J］．法学评论，2004（3）：113-118.

［113］袁钢．试论人力资本出资［J］．合肥工业大学报（社会科学版），2004（5）：52-54.

［114］赵静杰．知识资本化理论研究［D］．上海：同济大学，2005.

［115］贝克尔．西方教育经济学流派［M］．曾满超译．北京：北京师范大学出版社，1990.

［116］李忠民．人力资本——个理论框架及其对中国一些问题的解释［M］．北京：经济科学出版社，1999.

［117］王金营．人力资本与经济增长理论与实证［M］．北京：中国财政经济出版社，2001.

［118］郭东杰．分配制度变迁中人力资本价值的实现形式明［J］．经济体制改革，2002（1）158-161.

［119］阿莫德·波尔弗．国家、地区和城市的知识资本［M］．北京：北京大学出版社，2007（3）：144-145.

［120］陈钰芬．区域智力资本测度指标体系的构建［J］．统计研究，2006（2）：24-29.

［121］阿莫德·波尔弗．国家、地区和城市的知识资本［M］．北京：北

京大学出版社，2007.

[122] 陈秋红，赵瑞安. 区域品牌的特性与发展策略 [J]. 商业时代，2008（13）31 - 34.

[123] 沈国琪，陈万明. 我国企业知识资本结构的探索性和验证性分析 [J]. 科学学研究，2009（3）：423 - 428.

[124] 吴建伟. 引进外资与国内要素积累对出口增长相关性研究 [J]. 国际商务研究，2001（3）：11 - 16.

[125] 赖明勇，包群，阳小晓. 外商直接投资的吸收能力：理论及中国的实证研究 [J]. 上海经济研究，2002（6）：10 - 17.

[126] 沈坤荣，田源. 人力资本与外商直接投资的区位选择 [J]. 管理世界，2002（11）：26 - 31.

[127] 蔡昉，都阳，高文书. 就业弹性、自然失业和宏观经济政策——为什么经济增长没有带来显性就业？[J]. 经济研究，2000（9）：18 - 25.

[128] 何景熙人力资本投资：应对"三农"问题的战略选择 - 关于实施农村人力资源开发工程的思考 [J]. 人口研究，2002（11）：7 - 12.

[129] 肖文韬. 户籍制度保护了二元劳动力市场吗 [J]. 中国农村经济，2004（3）：23 - 27.

[130] E. Young Song. Economic growth in the Philippines：theory and evidence [J]. Journal of Asian Economics，2002，14（5）：759 - 769.

[131] Curtis J. sinon，Clard Nardinelli. Endogenous production organization during market liberalization：farm level evidence from Romania [J]. Economic Systems，2003，27（2）：171 - 187.

[132] 陆根尧. 经济增长中的人力资本效应 - 对中国高速增长区域的统计分析 [J]. 统计研究 2002（10）：13 - 15.

[133] 王金菅. 中国经济增长与综合要素生产率和人力资本需求 [J]. 中国人口科学，2002（2）：89 - 97.

[134] 沈利生. 我国潜在经济增长率变动趋势估计 [J]. 数量经济技术经济研究，1999（12）：3 - 6.

[135] 王德劲，刘金石. 中国人力资本存量估算：基于收入方法 [J]. 统计与信息论坛，2006（9）：68 - 75.

[136] 张帆. 中国的物质资本和人力资本估算 [J]. 经济研究, 2000 (8): 65 – 71.

[137] 谭永生. 教育所形成的人力资本的计量及其对中国经济增长贡献的实证研究 [J]. 教育与经济, 2006 (1): 33 – 36.

[138] Schultz W. Theodore. The Economic Importance of Human Capital in Modernization [J]. Education Economics, 1993, Vol. 1, Issue1: 13 – 20.

[139] 侯风云, 范玉波. 中国人力资本存量估计 [J]. 南大商学评论, 2005 (3): 27 – 54.

[140] 魏立萍. 异质型人力资本与经济增长理论及实证研究 [M]. 北京: 中国财政经济出版社, 2005.

[141] 钱雪亚, 刘杰. 中国人力资本水平实证研究 [J]. 统计研究, 2004 (3): 39 – 45.

[142] Yan WANG & Yudong YAO, Sources of China's Economic Growth 1952 – 1999: Incorporating Human Capital Accumulation [J]. China Economic Review, 2003: 14: 36 – 41.

[143] 孙景蔚. 基于损耗的人力资本估算——以长江三角洲经济区三省市为例 [J]. 中国人口科学, 2005 (2): 61 – 69.

[144] 王德劲, 向蓉美. 我国人力资本存量估算 [J]. 统计与决策, 2006 (10): 100 – 102.

[145] 郝黎仁, 樊元, 郝哲欧. SPSS 实用统计分析 [M]. 北京: 中国水利水电出版社, 2002.

[146] 邵云飞, 谭劲松. 区域技术创新能力形成机理探析 [J]. 管理科学学报, 2006 (4): 1 – 11.

[147] 殷尹, 梁梁. 区域技术创新能力短期评估 [J]. 中国软科学, 2001 (1): 71 – 74.

[148] 陈艳艳. 基于因子分析模型的区域技术创新能力体系评价及地域差异化研究 [J]. 软科学, 2006 (3): 92 – 96.

[149] 邵云飞, 唐小我. 中国区域技术创新能力的聚类实证分析 [J]. 中国软科学, 2003 (5): 113 – 118.

[150] 邵云飞, 唐小我. 中国区域技术创新能力的主成分实证研究 [J].

管理工程学报，2005（3）：71 - 76.

[151] 任胜钢，彭建华. 基于因子分析法的中国区域创新能力的评价及比较 [J]. 系统工程，2007（2）：87 - 92.

[152] Fritsch M. Measuring the quality of regional innovation systems-a knowledge production function approach [J]. International Regional Science Review, 2002（25）：86 - 101.

[153] Diez M A. The evaluation of regional innovation and cluster policies: towards a participatory approach European [J]. Planning Studies, 2001, 9（7）：907 - 923.

[154] 陈则孚. 知识资本理论、运行与知识产业化 [M]. 北京：经济管理出版社，2003.

[155] 翟杰全. 国家科技传播能力：影响因素与评价指标 [J]. 北京理工大学学报（社会科学版），2006（8）：3 - 6.

[156] 翟杰全. 宏观科技传播研究：体制、政策与能力建设 [J]. 北京理工大学学报（社会科学版），2004（3）：22 - 25.

[157] 蒲小川. 制度变迁与区域经济发展差异——基于面板数据的实证分析 [J]. 世界经济情况，2007（10）：73 - 79.

[158] 孙斌栋，王颖. 制度变迁和区域经济增长 [J]. 上海经济研究，2007（12）：3 - 12.

[159] Granger C. , P. Newbold. Spurious Regression in Econometrics [J]. Journal of Econometrics, 1974（2）：111 - 120.

[160] Diehey. D. A. , Fuller, w. A. Distribution of the Estimators for Autoregressive Time Series with a Unit Root [J]. American Statistical Assn. 1979（74）：427 - 431.

[161] Dichey D A, Fuller W A. Likehood ratio Statistics for Autoregressive Time Series with a Unit Root [J]. Econometrica, 1981（49）：1057 - 1072.

[162] Granger, C. W. J. Some Properties of Time Series Data and their Use in Econometric Model Specification [J]. Journal of Econometrics, 1981, 15（1）：121 - 130.

[163] Granger, C. W. J. Microcirculation of the alimentary tract I. Physiology

of transcapillary fluid and solute exchange. Gastroenterology, 1983, 84: 846 – 68.

[164] Johansen, S., Juselius, K. Maximum Likelihood Estimation and Inference on Cointegration with Application to the Demand for Money [J]. Oxford Bulletin of Economics and Statistics, 1990, 52 (2): 169 – 209.

[165] Johansen S., Estimation and Hypothesis Testing of Cointegration Vectors in Gaussian Vector Autoregressive Models [J]. Econometrica, 1991, 59 (6): 1551 – 1580.

[166] Granger, C. W. J. Investigation Causal Relations by Econometric Models and Cross-spectral Methods [J]. Econometrica, 1969, 37: 424 – 438.

[167] Sims, Christopher A. Money, Income, and Causality [J]. American Economic Review, 1972, 62: 540 – 552.

[168] Granger, C. W. J., Editors, Long Run Economic Relationships. Readings in Cointegration [M]. New York: Oxford University Press, 1991: 277 – 287.

[169] 朱平芳, 徐大丰. 中国城市人力资本的估算 [J]. 经济研究, 2007 (9): 84 – 95.

[170] 钱雪亚, 王秋实, 刘辉. 中国人力资本水平再估算: 1995～2005 [J]. 统计研究, 2008 (12): 3 – 10

[171] 王瑾. 技术创新促进区域经济增长的机理研究 [J]. 经济纵横, 2003 (11): 26 – 28.

[172] 陈英. 技术创新与经济增长 [J]. 南开经济评论, 2005 (5): 34 – 42.

[173] Bontis N. National Intellectual Capital Index: A United Nations initiative for the Arab region [J]. Journal of Intellectual Capital. 2004. Vol. 5 No. 1: 13 – 39.

[174] 王瑞泽, 李国锋. 制度因素影响经济增长的模型分析 [J]. 山东经济, 2007 (6): 27 – 30.

[175] 杨立峰, 郑丕愕, 王文富. 企业人力资源结构的混合回归预测 [J]. 科学管理研究, 2005 (1): 105 – 107.

[176] 夏永祥等. 中国区域经济关系研究 [M]. 甘肃: 甘肃人民出版社, 1998.

[177] 管卫华, 林振山, 顾朝林. 中国区域经济发展差异及其原因的多尺度分析 [J]. 经济研究, 2006 (7): 17 – 125.

［178］覃成林．中国区域经济差异研究［M］．北京：中国经济出版社，1997．

［179］李春景．香港创新系统知识生产及创新绩效分析评价［J］．中国科技论坛，2008（11）：34－38．

［180］周波．知识生产的激励：科学制度与市场制度［J］．厦门大学学报（哲学社会科学版），2008（6）：42－48．

［181］托利．区域性贸易协定［M］．北京：中国金融出版社，1993．

［182］陈才．区域经济地理学［M］．北京，科学出版社，2001．

［183］樊纲，王小鲁等．中国各地区市场化相对进程报告［J］．经济研究，2003（3）：9－18．

［184］蒲小川．制度变迁与区域经济发展差异——基于面板数据的实证分析［J］．世界经济情况，2007（10）：73－79．

［185］葛秋萍．创新知识的资本化［J］．北京：中国社会科学出版社，2007．

［186］林毅夫，刘培林．中国的经济发展战略与地区收入差距［J］．经济研究，2003（3）：78－86．

［187］管卫华等．中国区域经济发展差异及其原因的多尺度分析［J］．经济研究，2006（7）：117－125

［188］陈秀山，徐瑛．中国区域差距影响因素的实证研究［J］．中国社会科学，2004（5）：117－129

［189］Charnes A, Cooper W W, Rhodes E. Measuring the efficiency of decision making units［J］. European Journal of Operational Research，1978，2：429－444.

［190］魏权龄．评价相对有效性的 DEA 方法——运筹学的新领域［M］．北京：中国人民大学出版社，1988．

［191］盛昭瀚，朱乔，吴广谋．DEA 理论、方法与应用［M］．北京：科学出版社，1996．

［192］Yao Chen. Ranking efficient units in DEA［J］. The International Journal of Management Science，2004，32：213－219.

［193］王金祥，王卓．基于超效率 DEA 模型的城市效率评价［J］．西安电子科技大学学报（社会科学版），2008（1）：62－70．

［194］郭均鹏，吴育华．超效率 DEA 模型的区间扩展［J］．中国管理科学，2005（13）：40－43．